As letrinhas fazem a festa

Matemática e Natureza

Celme Farias Medeiros

Educação
Infantil
2

Dados Internacionais de Catalogação na Publicação (CIP)
(Câmara Brasileira do Livro, SP, Brasil)

Medeiros, Celme Farias
As letrinhas fazem a festa : matemática e natureza : educação infantil, 2 / Celme Farias Medeiros. – 3. ed. – São Paulo : Editora do Brasil, 2017.

ISBN: 978-85-10-06580-1 (aluno)
ISBN: 978-85-10-06581-8 (mestre)

1. Ciências (Educação infantil) 2. Matemática (Educação infantil)
I. Título.

17-04998 CDD-372.21

Índices para catálogo sistemático:
1. Ciências : Educação infantil 372.21
2. Matemática : Educação infantil 372.21

Direção-geral: Vicente Tortamano Avanso
Direção adjunta: Maria Lucia Kerr Cavalcante de Queiroz

Direção editorial: Cibele Mendes Curto Santos
Gerência editorial: Felipe Ramos Poletti
Supervisão editorial: Erika Caldin
Supervisão de arte, editoração e produção digital: Adelaide Carolina Cerutti
Supervisão de direitos autorais: Marilisa Bertolone Mendes
Supervisão de controle de processos editoriais: Marta Dias Portero
Supervisão de revisão: Dora Helena Feres
Consultoria de iconografia: Tempo Composto Col. de Dados Ltda.

Coordenação editorial: Carla Felix Lopes
Consultoria técnica: Vanessa Mendes Carrera
Edição: Carla Felix Lopes e Monika Kratzer
Assistência editorial: Juliana Pavoni
Auxílio editorial: Beatriz Villanueva
Coordenação de revisão: Otacilio Palareti
Copidesque: Ricardo Liberal
Revisão: Alexandra Resende e Elaine Fares
Coordenação de iconografia: Léo Burgos
Pesquisa iconográfica: Cris Gameiro e Léo Burgos
Coordenação de arte: Maria Aparecida Alves
Assistência de arte: Samira de Souza
Design gráfico e capa: Regiane Santana
Imagem de capa: Juliana Basile Dias
Ilustrações: Alexandre Rampazo (separadores), André Aguiar, Camila de Godoy, Camila Sampaio, Conexão, DAE (Departamento de Arte e Editoração), Daniel Klein, Danillo Souza, Eduardo Belmiro, Eduardo Souza, Hélio Senatore, Imaginário Studio, Janete Trindade, Maíra Nakazaki, Paulo Borges e Silvana Rando
Coordenação de editoração eletrônica: Abdonildo José de Lima Santos
Editoração eletrônica: Adriana Tami
Licenciamentos de textos: Cinthya Utiyama, Jennifer Xavier, Paula Harue Tozaki e Renata Garbellini
Controle de processos editoriais: Bruna Alves, Carlos Nunes, Gabriella Mesquita e Rafael Machado

3ª edição / 6ª impressão, 2023
Impresso na Forma Certa Gráfica Digital

Rua Conselheiro Nébias, 887
São Paulo, SP – CEP 01203-001
Fone: +55 11 3226-0211
www.editoradobrasil.com.br

Este livro, feito com muito carinho, é dedicado a você, criança estudiosa do Brasil.

A meu querido Anderson Celso, com muito amor.

Sumário

Matemática

Sumário

Coordenação visomotora

Cubra o tracejado do balão e pinte-o para que fique bem bonito.

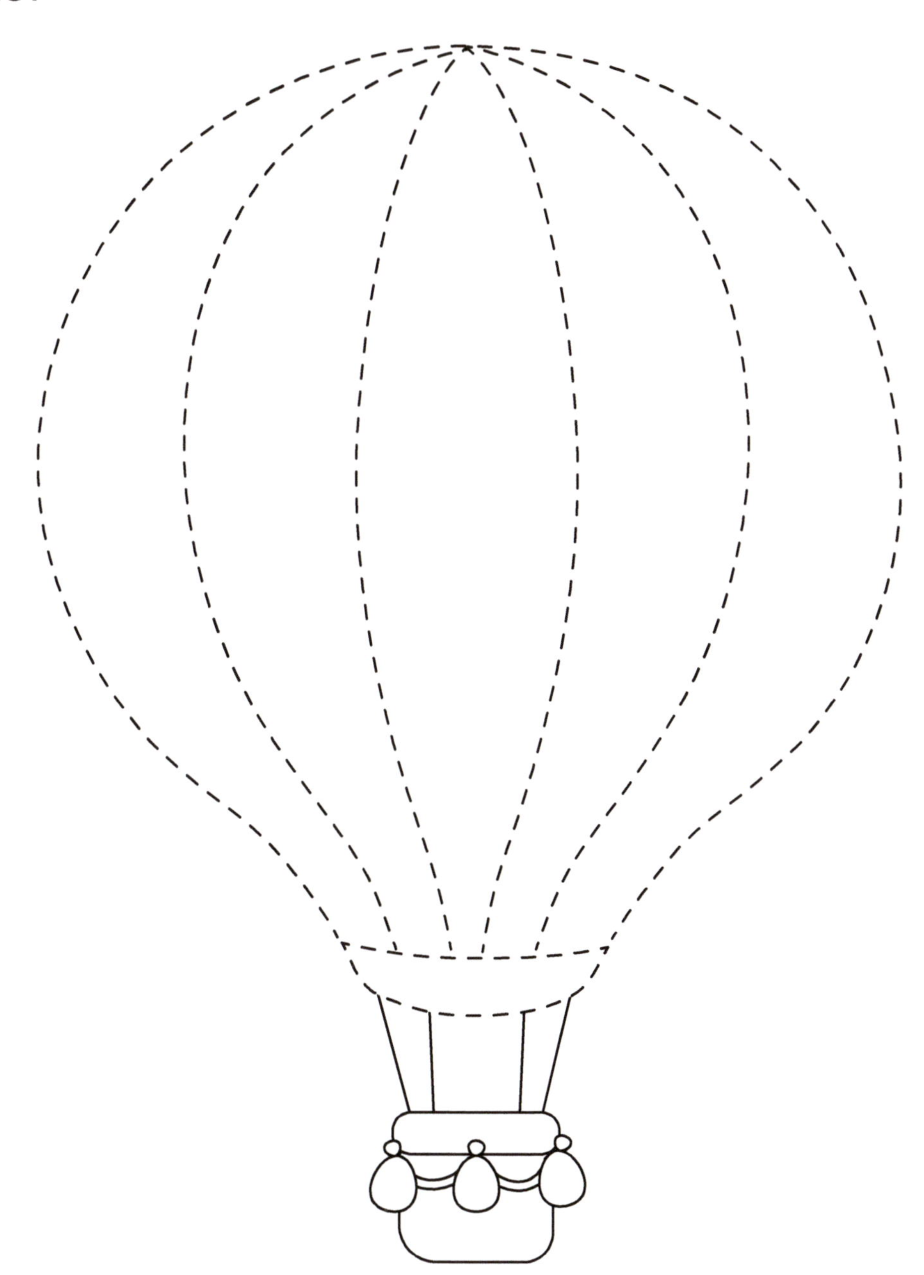

Ligue cada criança à sua sombra.

Ajude os veículos a atravessar o caminho cobrindo o tracejado.

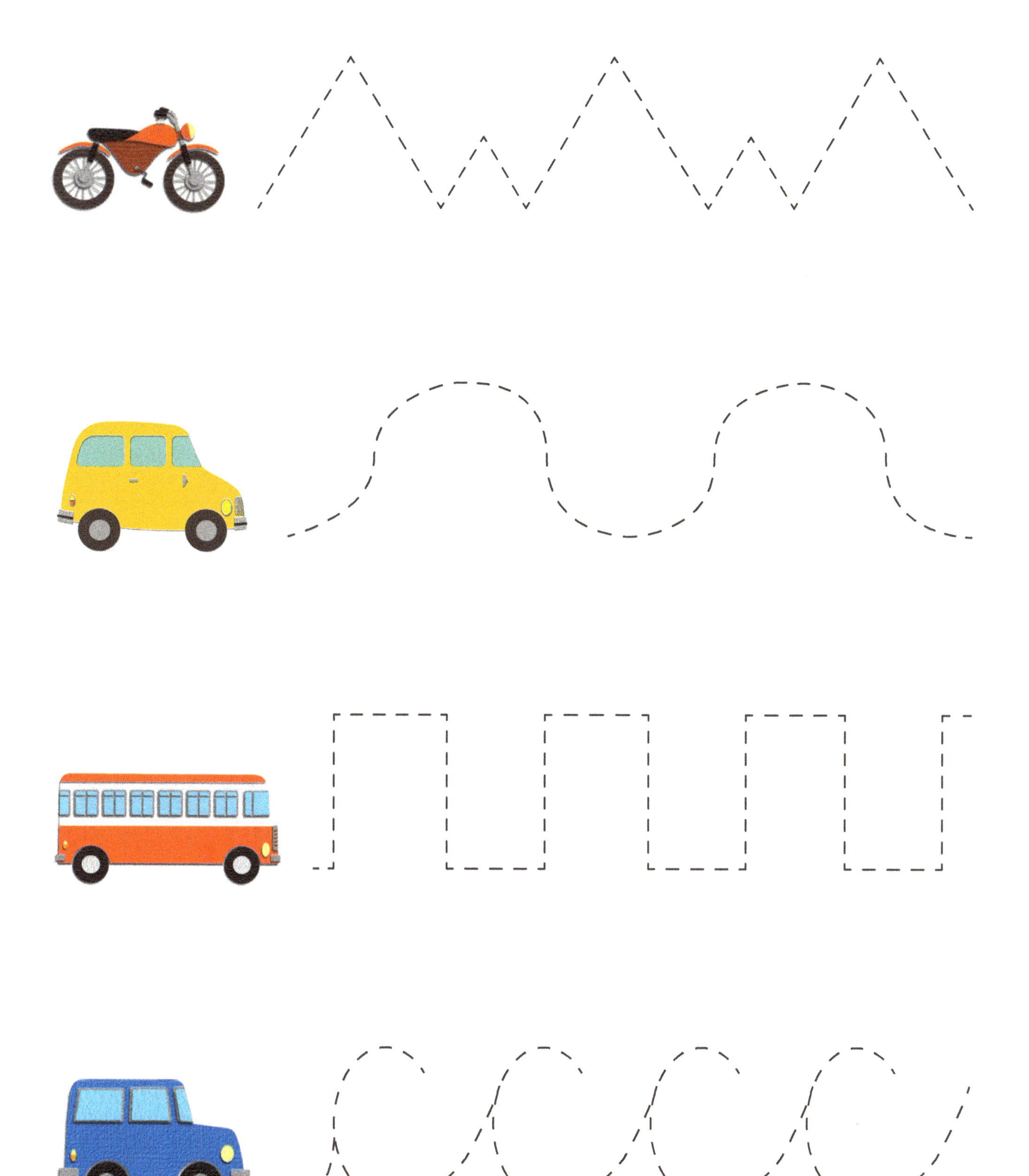

Observe o rosto da menina que está no quadro e complete os demais para que fiquem iguais. Depois, pinte-os.

Trace o caminho que a abelha fará até a colmeia. Depois, pinte-a.

Cores

Estas são as **cores primárias**:

Vermelho. Amarelo. Azul.

E estas são as **cores secundárias**:

Laranja. Roxo. Verde.

Pinte a arara usando giz de cera nas **cores primárias**.

Pinte a cena usando giz de cera nas **cores secundárias**.

Pinte com a mesma cor os passarinhos iguais.

Em cada quadro, ligue as figuras de cor igual com um lápis colorido dessa mesma cor.

Cole papel crepom no peixe seguindo as cores indicadas.

Tamanho

Mesmo tamanho

Pinte de **verde** as bonecas de **mesmo tamanho**.

Maior e menor

Pinte o animal **maior**.

Faça um **X** na almofada **menor**.

Curto e comprido

Circule de **vermelho** a flor que tem o caule mais **comprido**.

Desenhe uma corda mais **curta** do que esta.

Alto e baixo

Circule a criança mais **alta**.

Pinte de amarelo a banqueta mais **baixa**.

Grande e pequeno

- Desenhe uma casinha adequada para o cachorro **grande** e outra para o cachorro **pequeno**.

Pfluegler/Dreamstime.com

Sergey Gromov/Dreamstime.com

- Desenhe uma bola de sorvete na casquinha **pequena** e faça um **X** na casquinha **grande**.

Quantidade

Mais e menos

- Faça um **/** na colmeia que tem **mais** abelhas e circule a colmeia que tem **menos** abelhas.

Circule de **verde** o bolo que tem **menos** velas.

Pinte a árvore que tem **mais** frutas.

Cheio e vazio

Circule o brinquedo que está **cheio** de crianças e faça um **X** no brinquedo que está **vazio**.

Pinte os balões que estão **cheios** de ar.

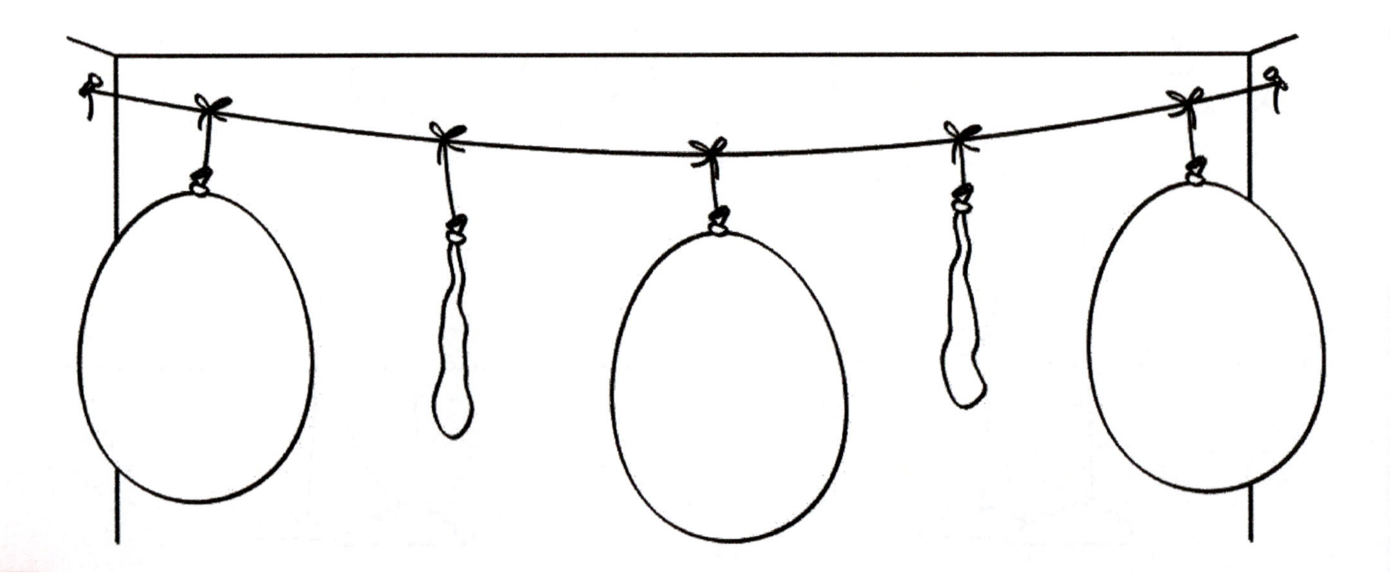

Desenhe flores no vaso para que ele fique **cheio**.

Circule de **verde** os copos **cheios** e de **vermelho** os copos **vazios**.

Muito e pouco

Circule de **azul** a prateleira que tem **muitos** livros.

Molhe o dedo na tinta e faça uma ● no porta-joias que tem **poucas** joias.

- Faça um **/** na galinha que tem **poucos** filhotes.

- Desenhe **muitas** pintinhas na onça que está acordada e **poucas** pintinhas na onça que está dormindo.

Espessura

Grosso e fino

Pinte de **laranja** a cenoura **grossa** e de **amarelo** a cenoura **fina**.

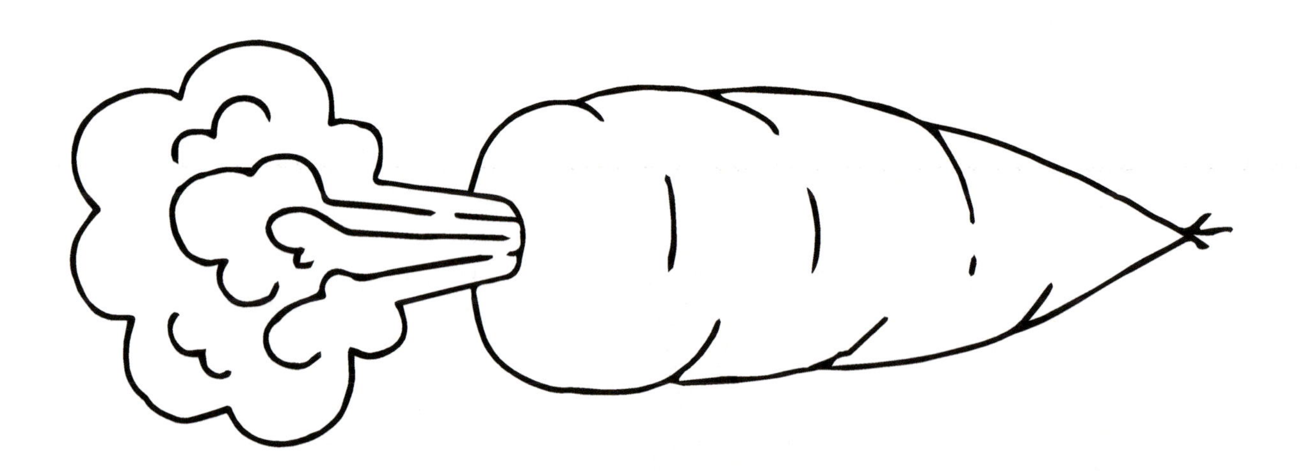

- Pinte o guarda-chuva que tem o cabo **grosso** e faça um **X** no que tem o cabo **fino**.

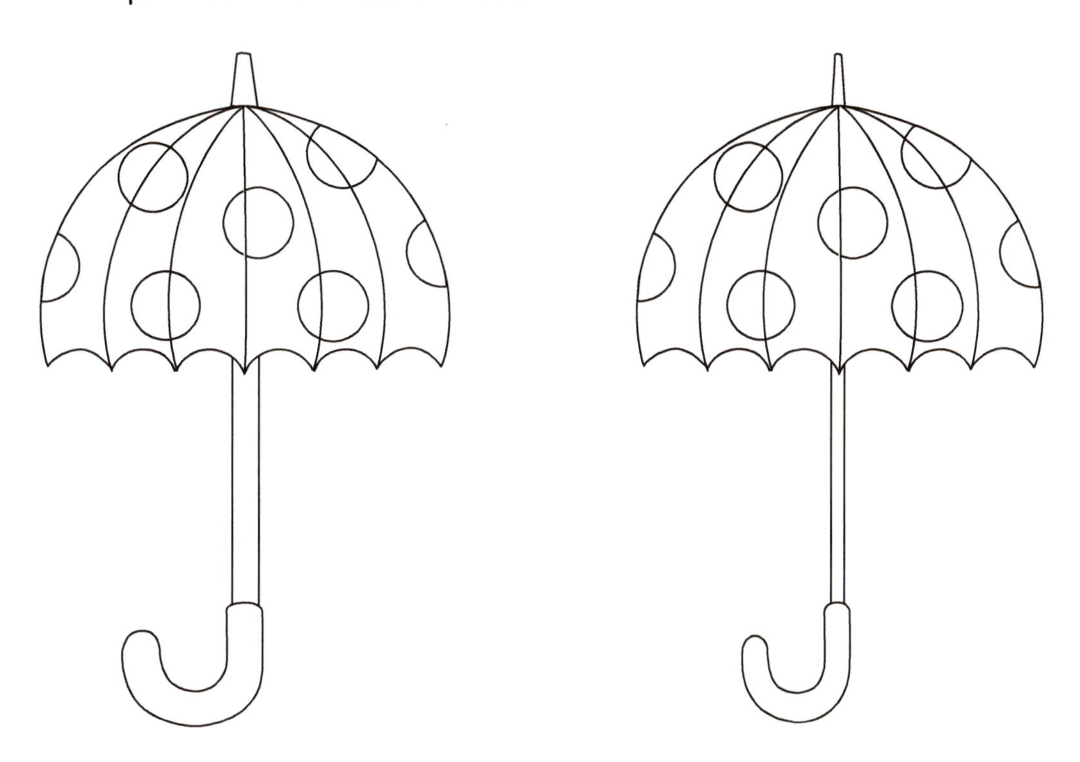

- Circule com giz de cera o livro mais **fino**. Faça um □ ao redor do livro mais **grosso**.

Cubra a corda mais **grossa** com cola colorida.

Circule o pincel que fez o traço mais **fino**.

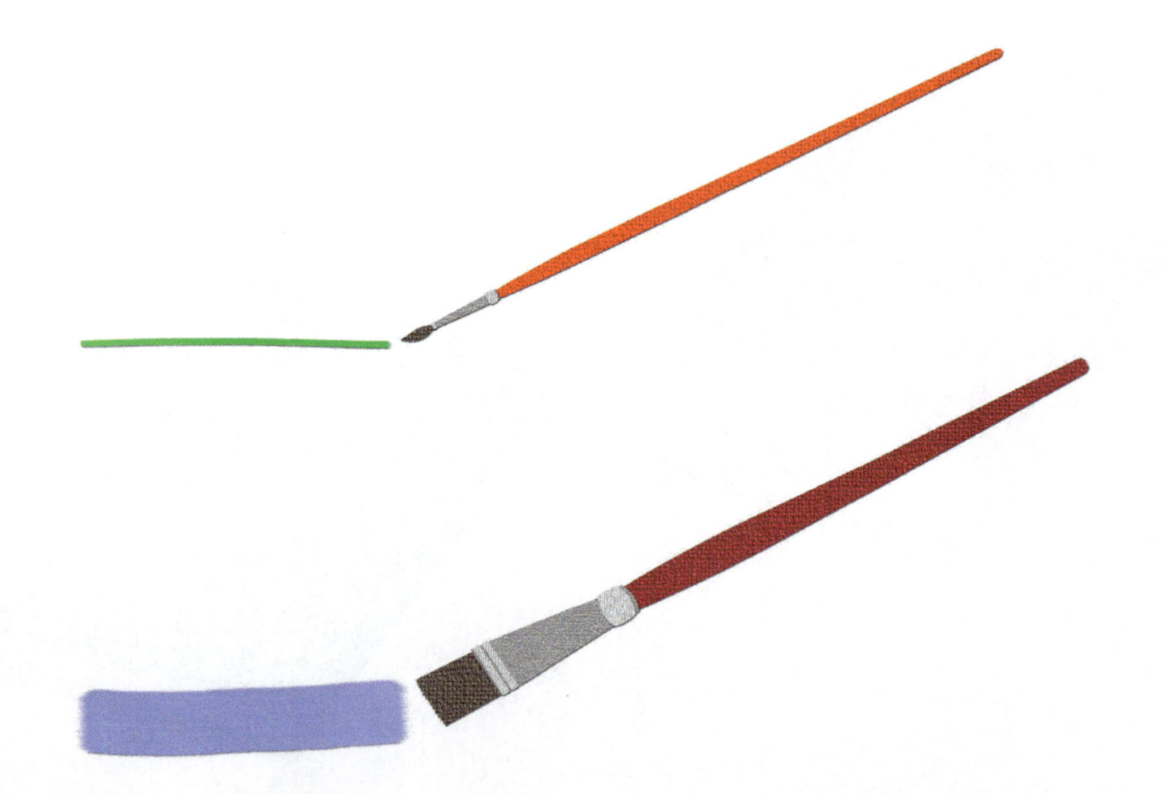

Largo e estreito

A menina precisa entrar no quarto que tem a porta **estreita**. Marque um **X** na porta que ela deve abrir.

Pinte de **verde** a etiqueta do quadro que apresenta uma fita **larga** e de **laranja** a do quadro que mostra uma fita **estreita**.

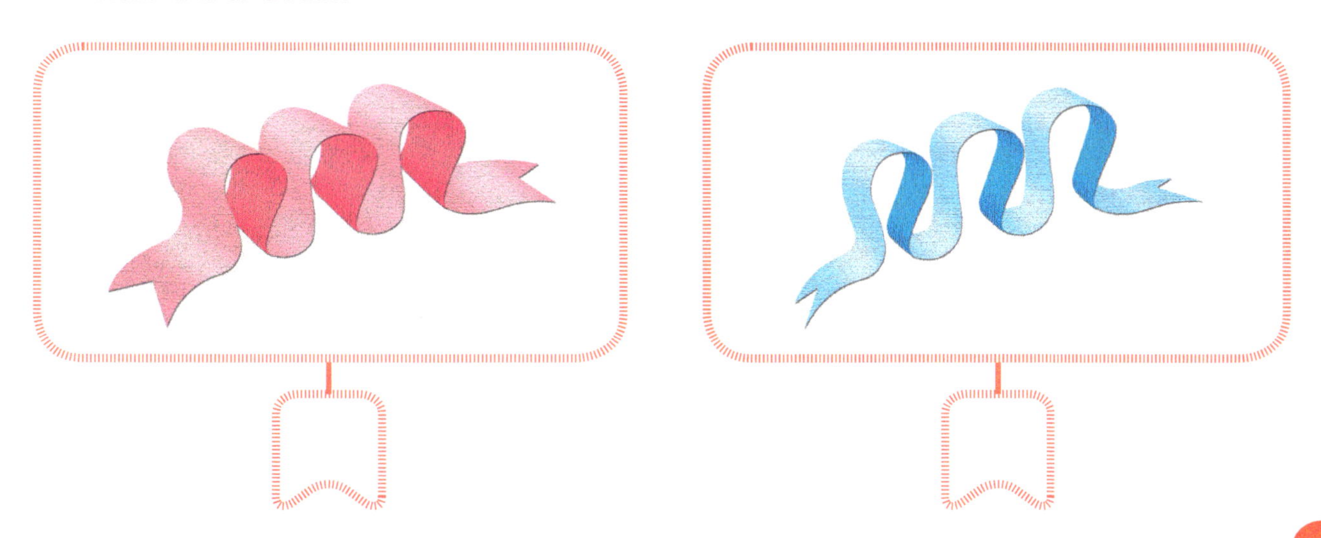

- Faça uma **+** na gravata mais **larga**.

- Circule a mulher que está usando o cinto mais **estreito**.

- Observe o caminho que leva o menino até o ursinho. Depois, desenhe um caminho mais **largo** para levar a menina à bola.

- Marque um X no túnel mais **estreito** e um X no túnel mais **largo**.

Posição

Esquerda e direita

Circule de **verde** a criança que está no lado **direito** da gangorra e de **azul** a que está no lado **esquerdo** dela.

- Desenhe um cachorro à **direita** da casinha e um osso à **esquerda** dela.

- Desenhe um balão na mão **direita** do menino.

Mesma posição e posição diferente

- Pinte a boneca que está **em posição diferente** das outras.

- Ligue as folhas que estão **na mesma posição**.

Aberto e fechado

- Faça um **X** na janela que está **aberta** e faça um ▲ na janela que está **fechada**.

- Circule de **azul** o livro que está **aberto** e de **laranja** o livro que está **fechado**.

Em cima e embaixo

- Desenhe um passarinho **em cima** da fonte.

- Cole um pedaço de papel colorido na gaveta que está **embaixo** da gaveta **vermelha**.

Antes e depois

- Pinte com cola colorida **azul** o vagão que está **antes** do vagão **vermelho**.

- Circule com cola colorida **verde** o carro que está **antes** da ponte e com **amarela** o carro que está **depois** dela.

- Desenhe uma criança **depois** da última criança da fila.

Para baixo e para cima

Circule os gatinhos que estão olhando **para baixo**.

Faça uma **+** na placa cuja seta aponta **para cima**.

De costas, de frente e de lado

Pinte os quadrinhos de acordo com a legenda.

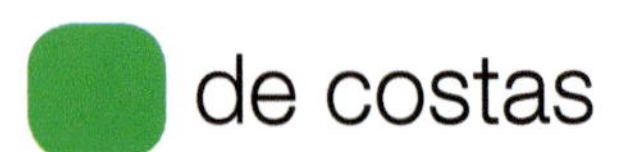

Dentro e fora

- Pinte os porcos que estão **dentro** do chiqueiro e faça um **X** nos que estão **fora** dele.

- Faça bolinhas amarelas **dentro** do círculo e bolinhas rosa **fora** dele.

Longe e perto

- Desenhe uma criança **perto** da casa e uma árvore **longe** da casa.

- Circule a borboleta que está mais **perto** das flores. Depois, pinte a cena.

Entre e ao lado

- Desenhe um objeto **entre** os gatos.

- Marque um **X** nos instrumentos musicais que estão ao lado do menino.

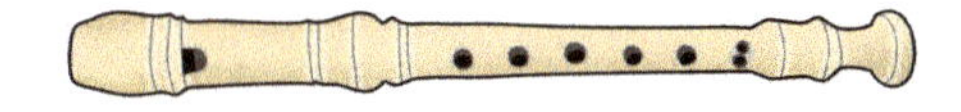

Em pé, sentado e deitado

Observe a cena e faça o que se pede.

a) Circule a criança que está **em pé**.

b) Pinte a camiseta da criança que está **deitada**.

c) Faça um **/** na criança que está **sentada**.

Atrás e na frente

Cole bolinhas de papel crepom **vermelhas** na árvore que está **na frente** do banco e bolinhas de papel crepom **amarelas** na árvore que está **atrás** do banco.

Números de 0 a 10

Você conhece os números de 0 a 10?

Cubra o tracejado e continue escrevendo os números.

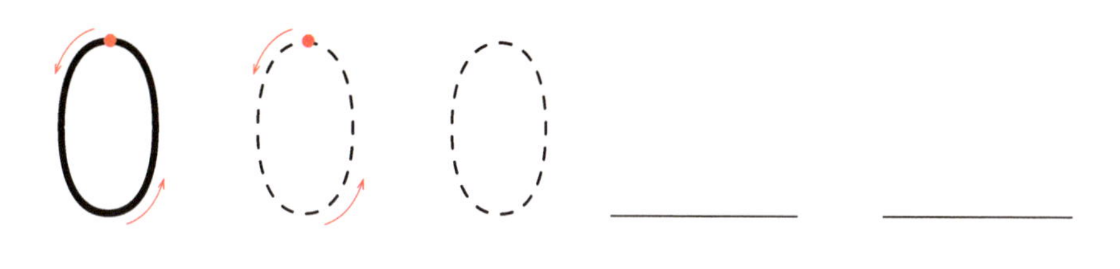

zero

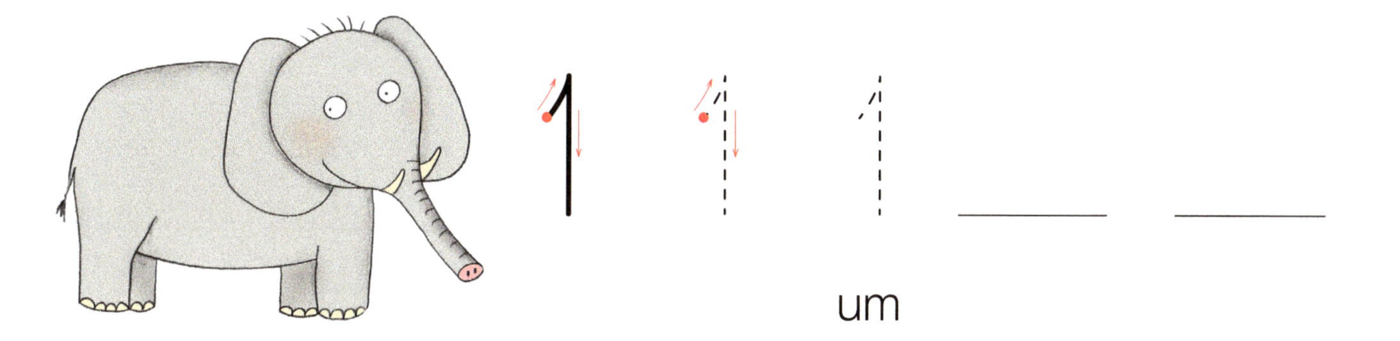

um

dois

3 3 3
três
4 4 4
quatro
5 5 5
cinco
6 6 6
seis
7 7 7
sete

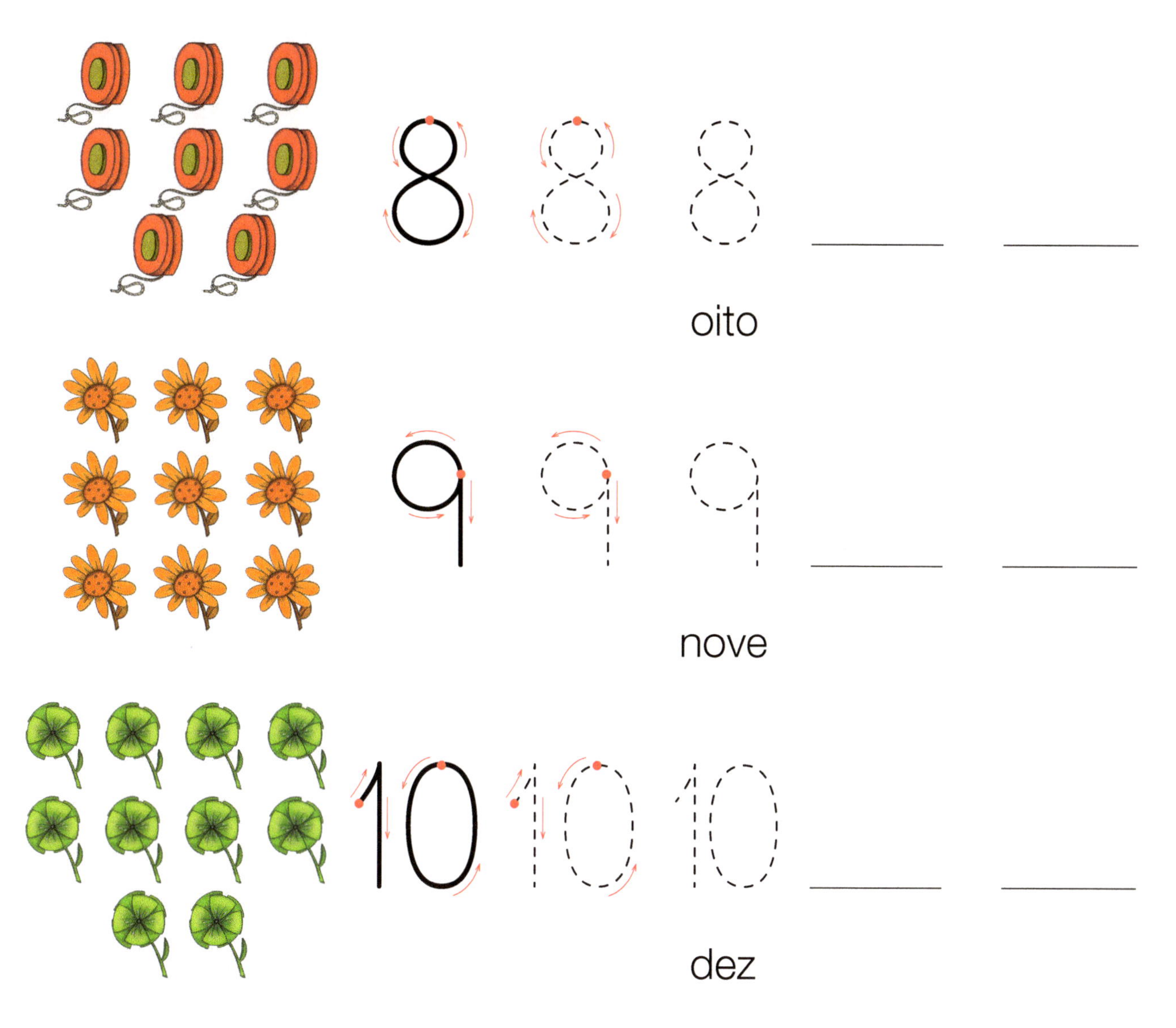

Conte de 0 a 10 e depois cubra o tracejado.

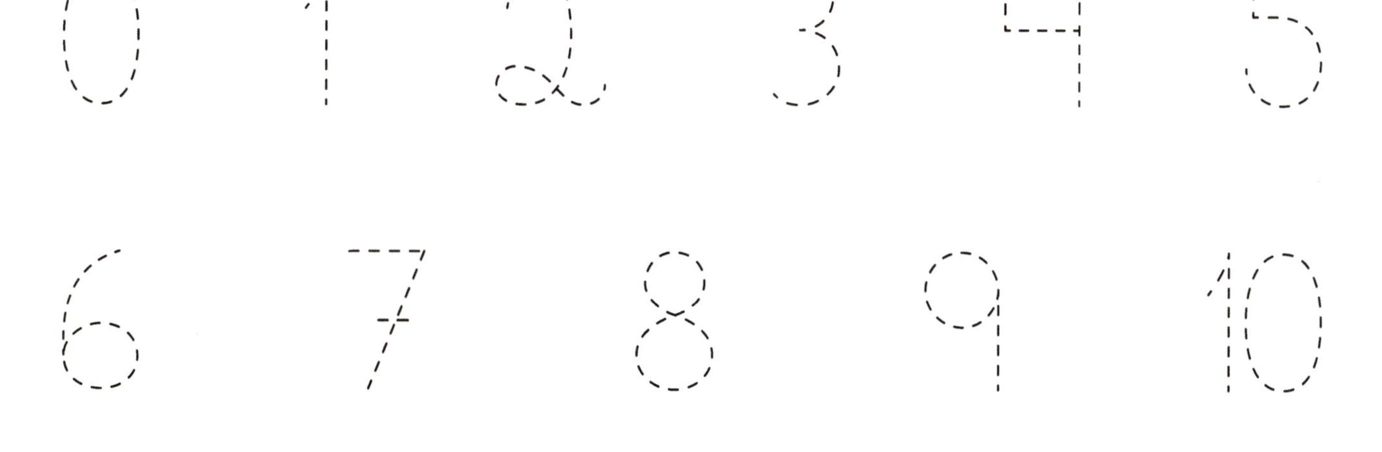

Desenhe nos quadros a quantidade de elementos indicada.

2

5

8

Conte quantos elementos há em cada quadro e ligue-o ao número que representa essa quantidade.

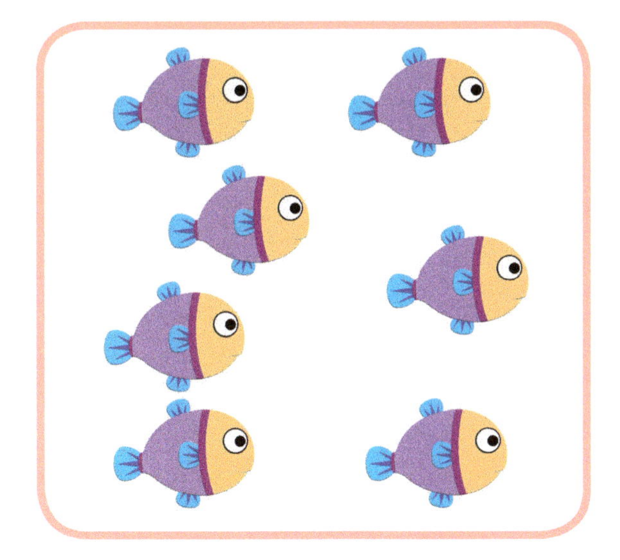

3

7

Ligue os pontos de 0 a 10 e descubra qual é a figura. Depois, pinte-a.

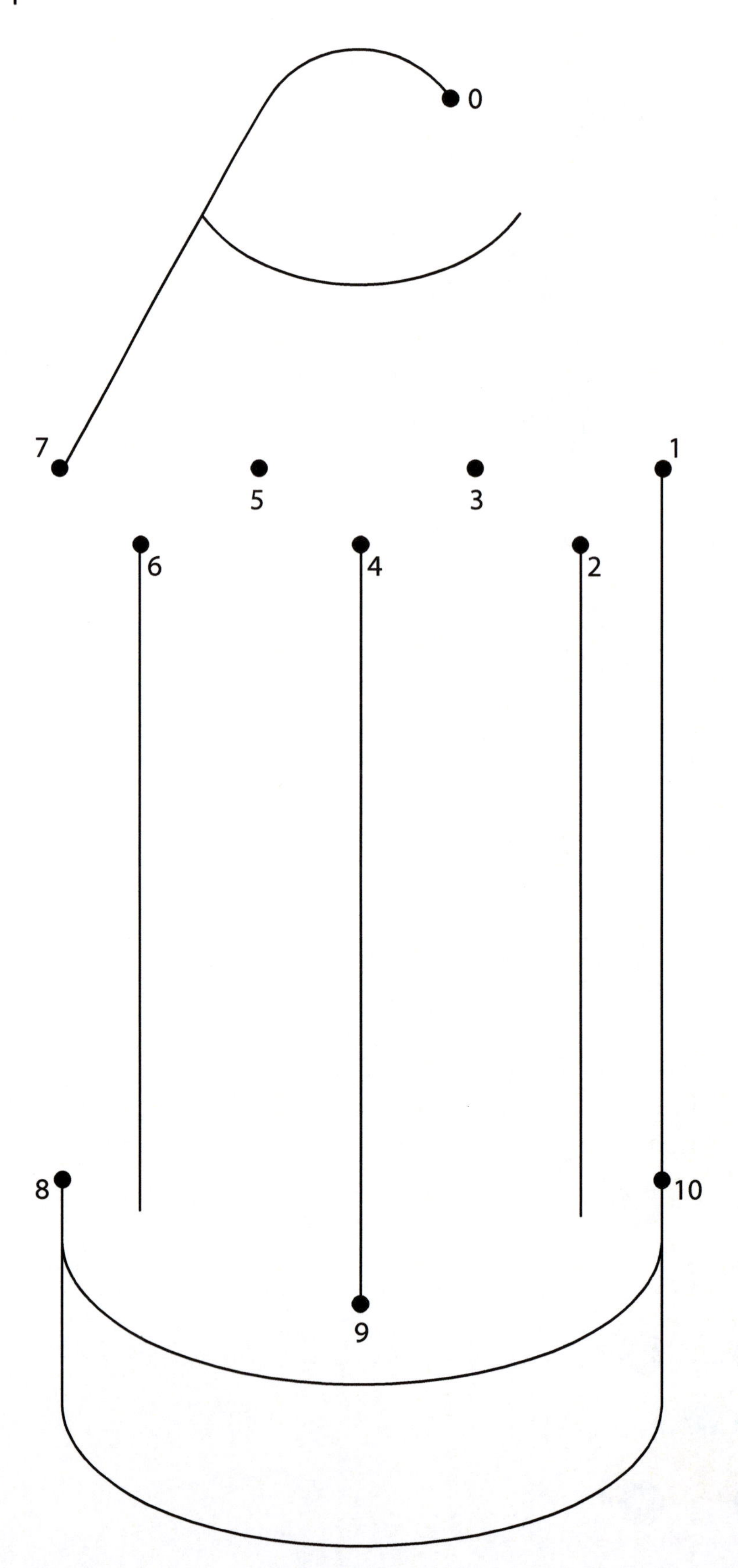

Ordem crescente e decrescente dos números

Quando organizamos os números do **menor** para o **maior**, dizemos que eles estão em **ordem crescente**.

Observe:

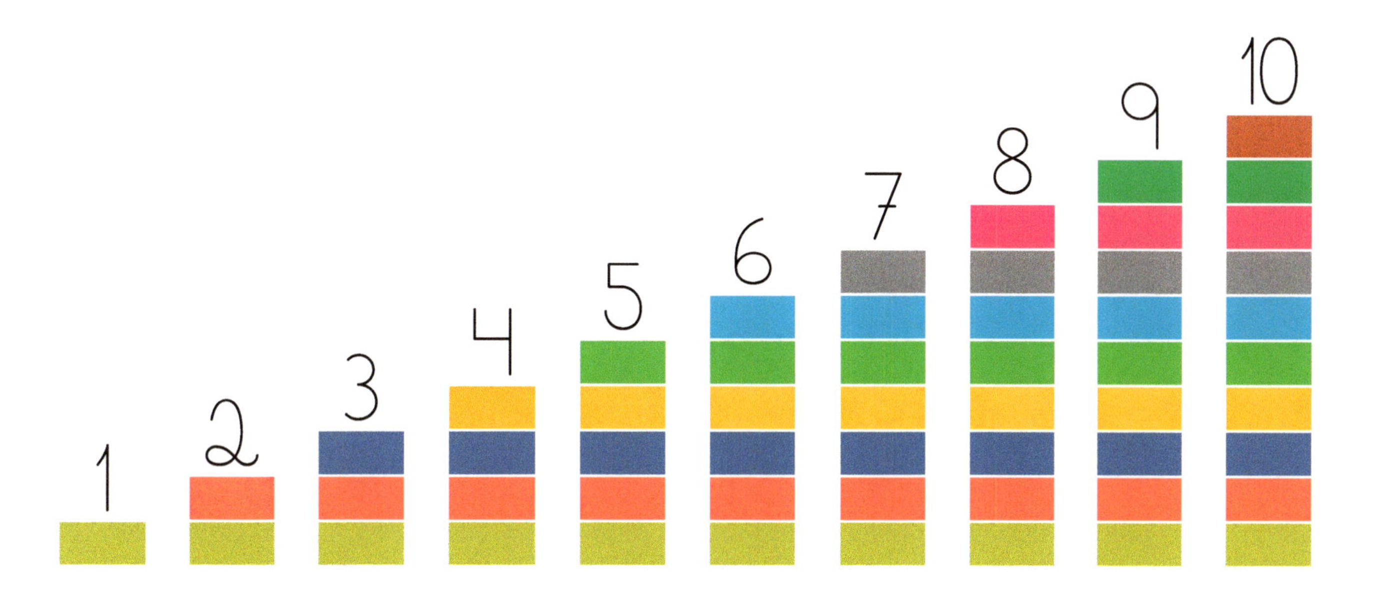

Quando organizamos os números do **maior** para o **menor**, dizemos que eles estão em **ordem decrescente**.

Observe:

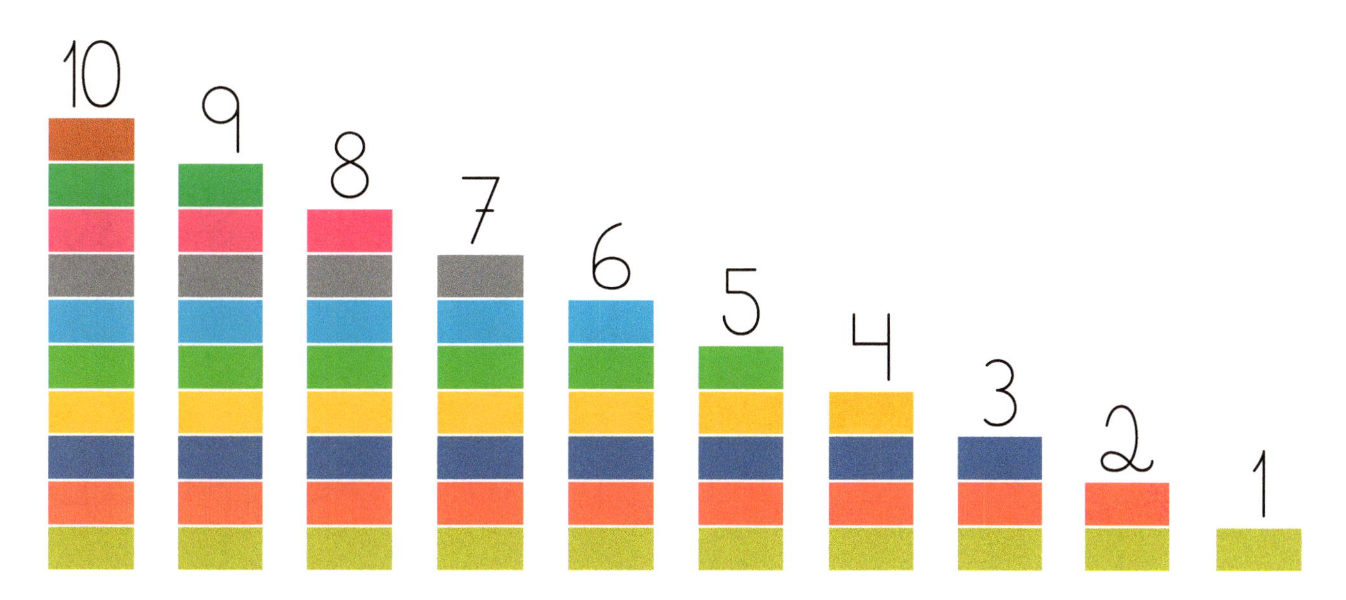

Complete a numeração da escada escrevendo os números que faltam nos degraus: primeiro, na **ordem crescente** e, depois, na **ordem decrescente**.

Pinte a quantidade de bolinhas de acordo com o número.

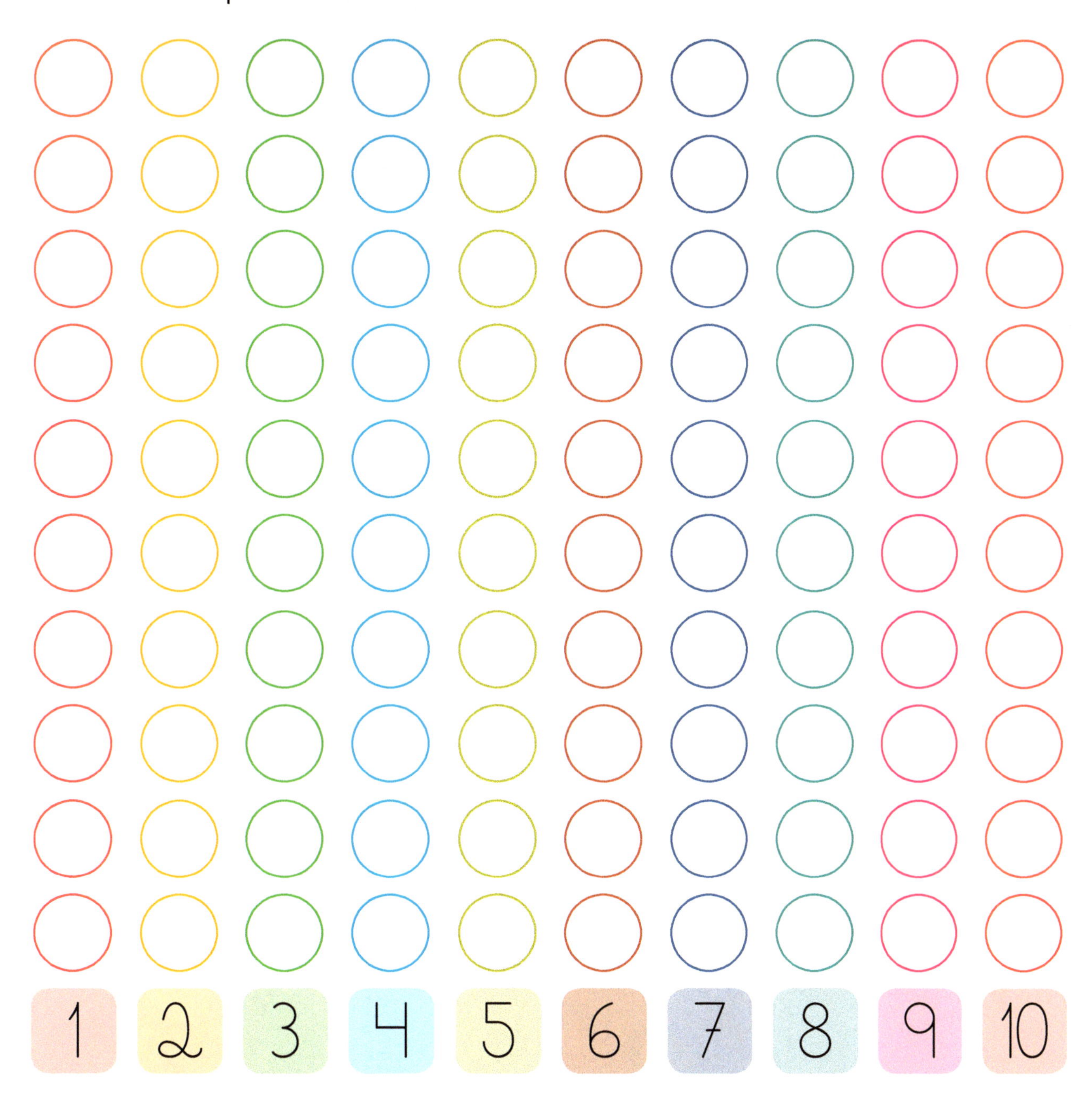

Escreva os números de 1 a 10 em **ordem crescente**.

____

Escreva os números de 1 a 10 em **ordem decrescente**.

____

Conjuntos

Observe:

Há um grupo de borboletas e um grupo de passarinhos.

Passando uma linha fechada em volta de cada grupo, formaremos **conjuntos**.

Conjunto de borboletas.

Conjunto de passarinhos.

A pera, a cereja, o morango e o limão são **elementos** do conjunto a seguir.

Observe:

Observe agora este conjunto de pipas.

Cada pipa é um **elemento** do conjunto; portanto, esse conjunto tem **4 elementos**.

Escreva o número de elementos de cada conjunto. Depois, pinte os animais.

Forme conjuntos de acordo com as indicações.

a) Um conjunto de joaninhas **amarelas** e um conjunto de joaninhas **vermelhas**.

O conjunto das joaninhas **amarelas** tem _____ elementos.

O conjunto das joaninhas **vermelhas** tem _____ elementos.

b) Um conjunto de flores **roxas** e um conjunto de flores **laranja**.

O conjunto das flores **roxas** tem _____ elementos.

O conjunto das flores **laranja** tem _____ elementos.

c) Um conjunto de peixes **azuis** e um conjunto de peixes **rosa**.

O conjunto dos peixes **azuis** tem _____ elementos.

O conjunto dos peixes **rosa** tem _____ elementos.

d) Um conjunto de raposas e um conjunto de ursos.

O conjunto dos ursos tem _____ elementos.

O conjunto das raposas tem _____ elementos.

Ligue os conjuntos que têm a mesma quantidade de elementos.

Recorte as figuras da página seguinte e cole-as nos conjuntos a que elas pertencem, observando a quantidade de elementos indicada.

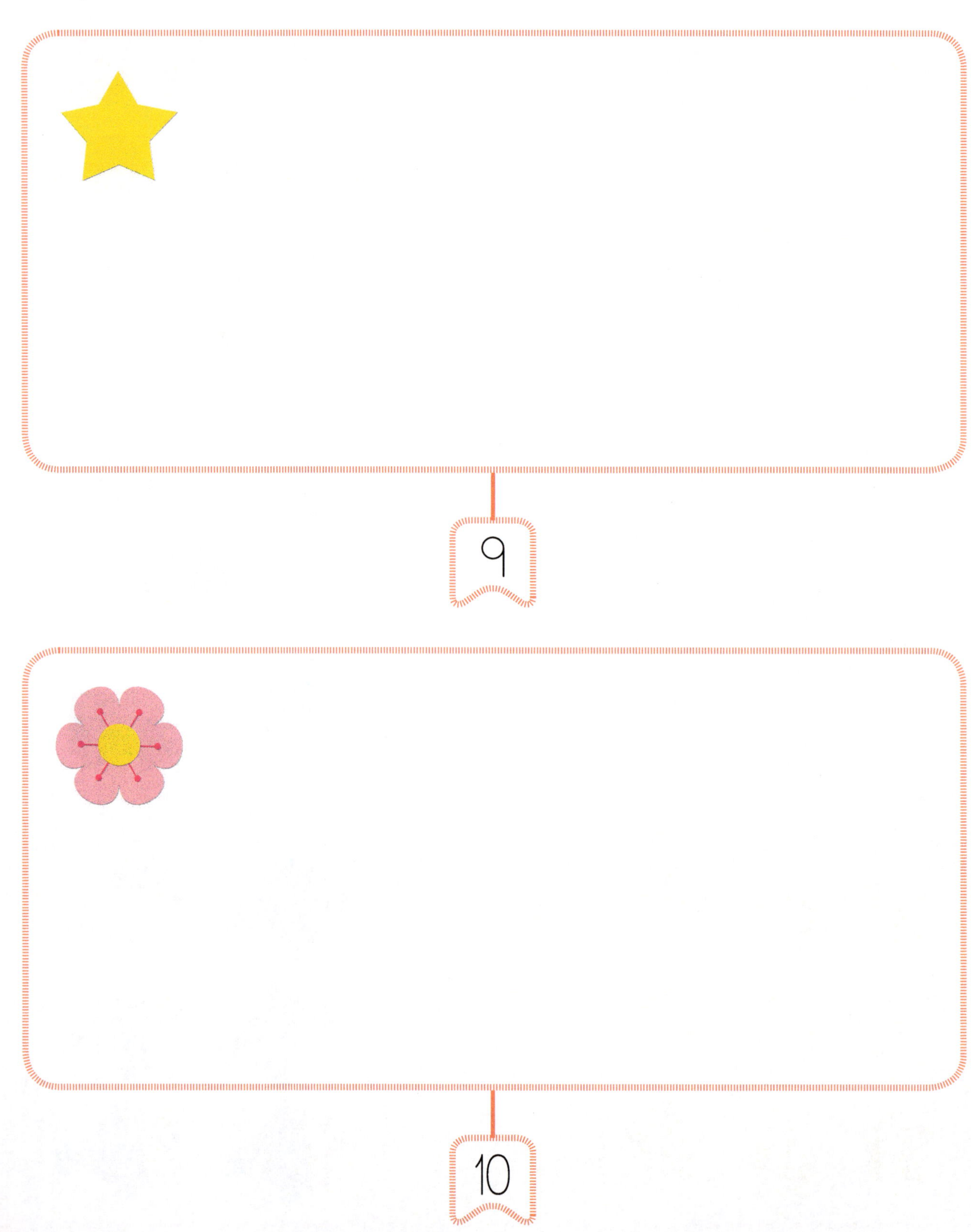

Conjunto vazio e conjunto unitário

Observe estes conjuntos com atenção.

O conjunto **A** não tem elementos, por isso é chamado de **conjunto vazio**.

Indicamos o **conjunto vazio** com o número 0.

O conjunto **B** é formado por 1 elemento, por isso é chamado de **conjunto unitário**.

Indicamos o **conjunto unitário** com o número 1.

Veja mais estes exemplos.

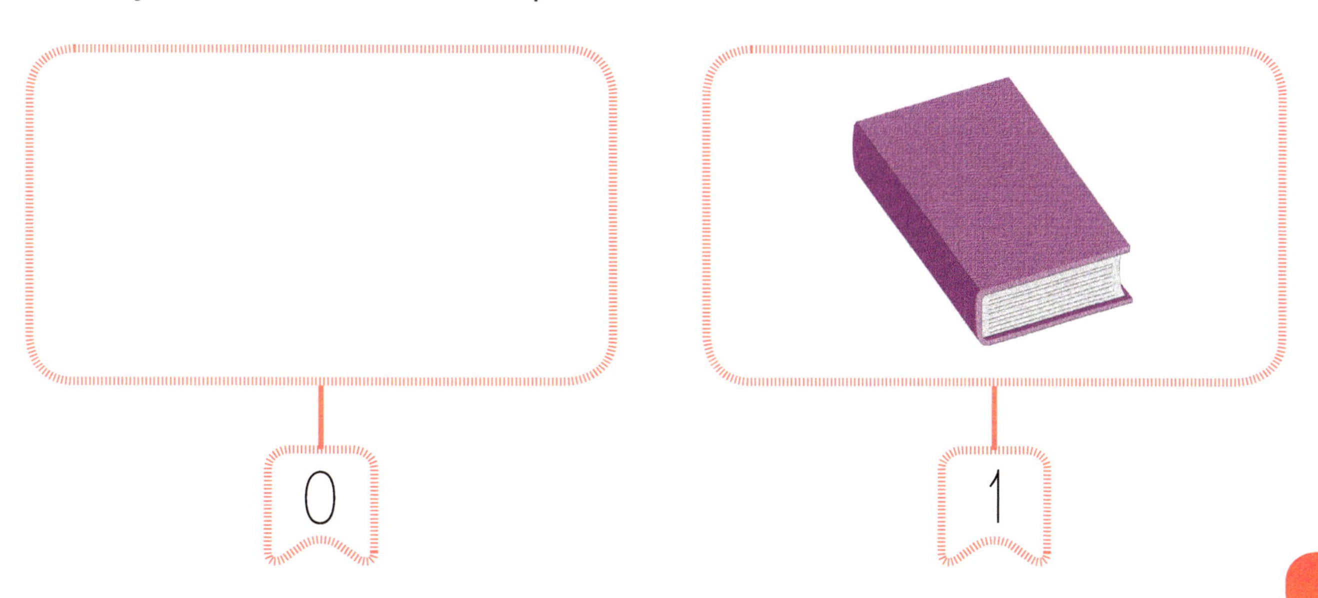

Qual dos conjuntos a seguir é **vazio**? Responda pintando-o.

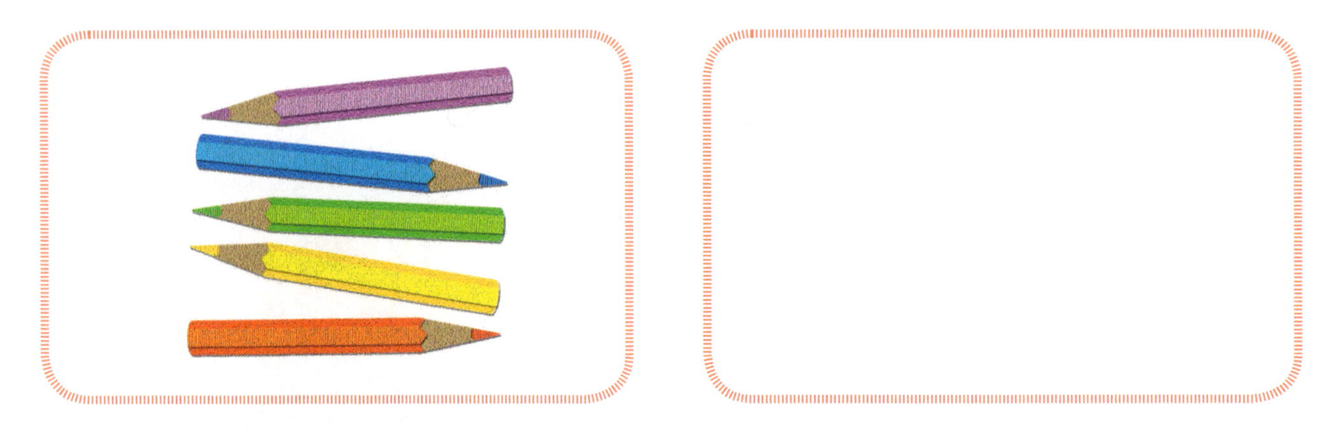

Quais dos conjuntos a seguir são **unitários**? Responda pintando seus elementos.

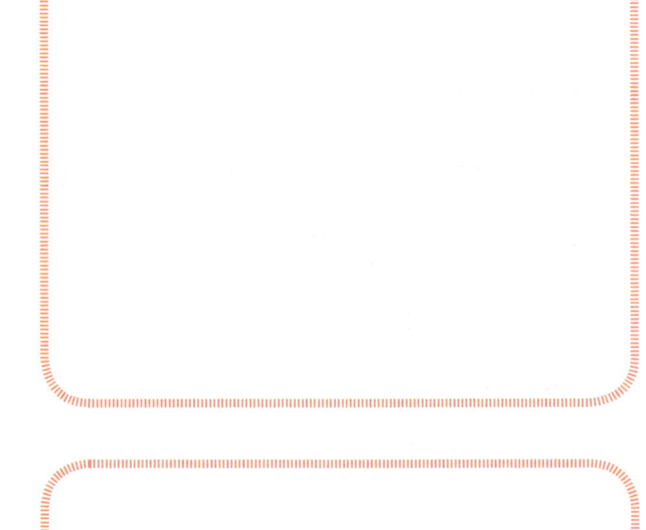

Pinte de **vermelho** a etiqueta dos **conjuntos vazios** e de **verde** a etiqueta dos **conjuntos unitários**.

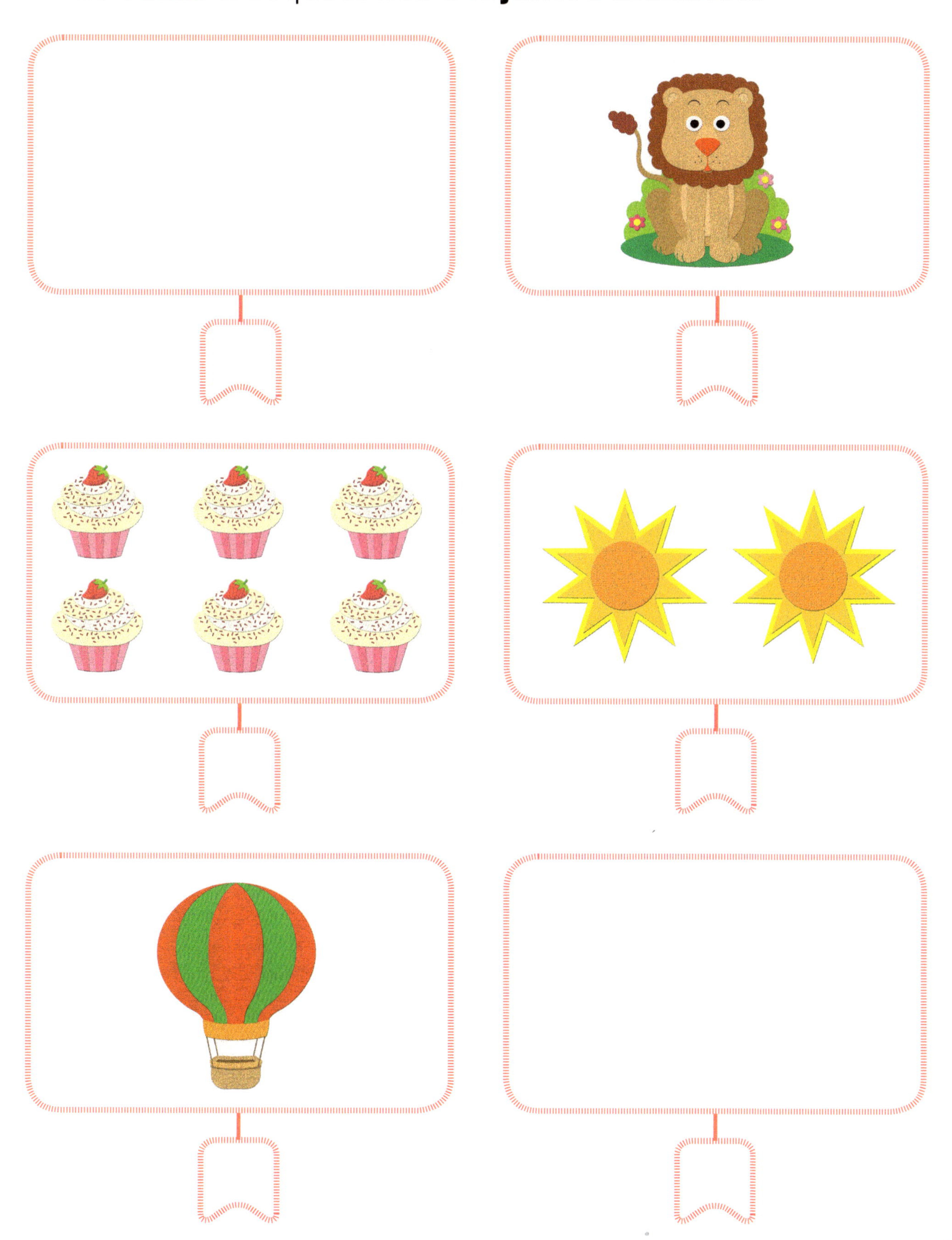

Conte os elementos de cada conjunto e escreva na etiqueta o número que corresponde à quantidade correta.

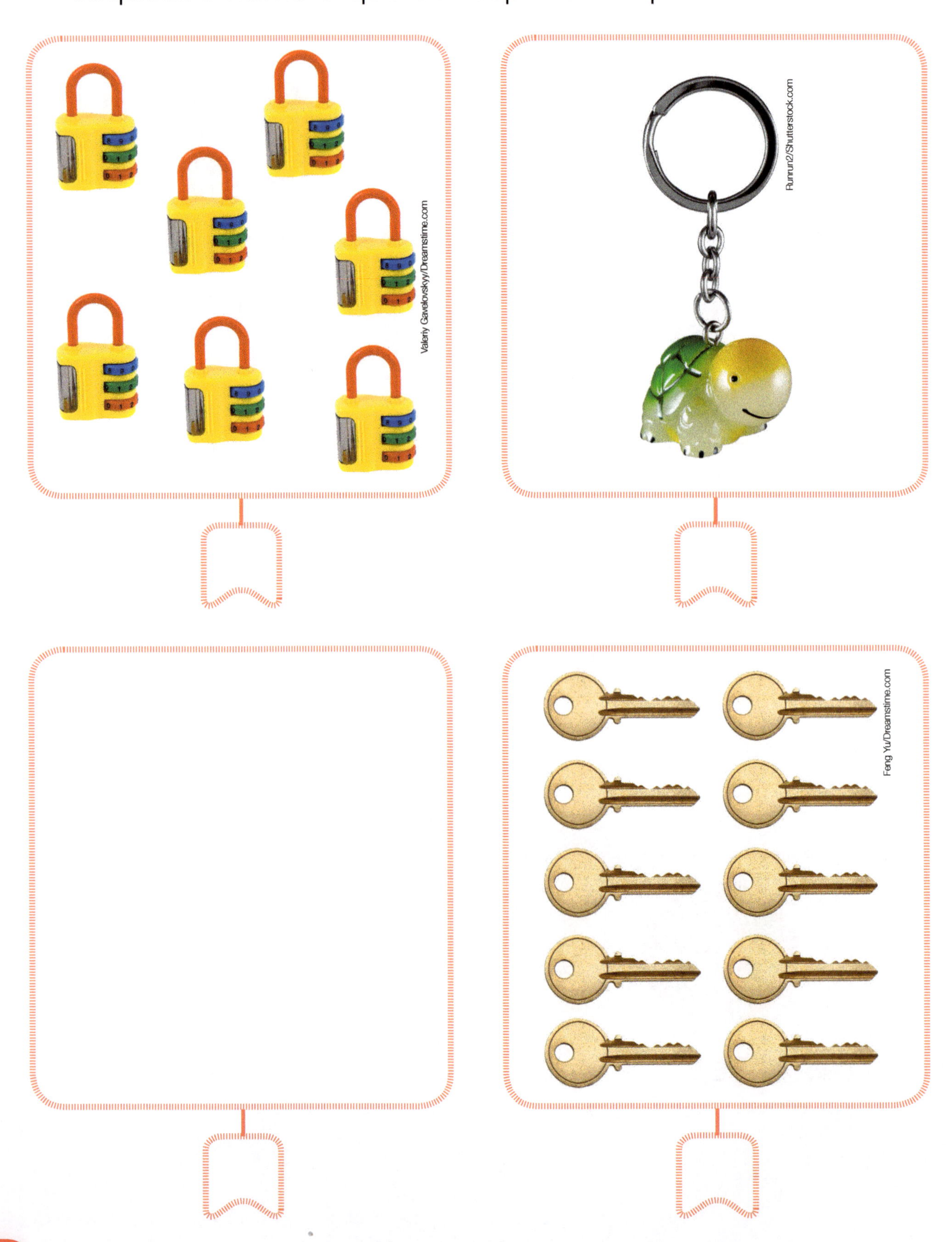

Estudando os sinais

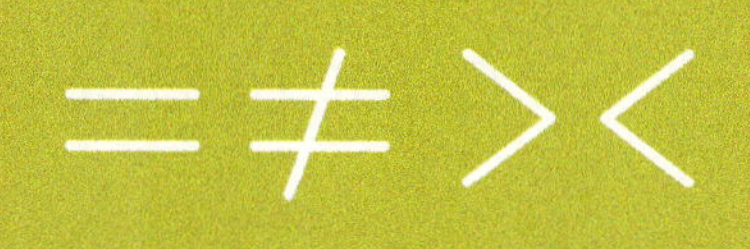

Observe os conjuntos.

3 elementos

3 elementos

Esses conjuntos têm quantidades **iguais** de elementos (3 flores e 3 vasos).

Usamos o sinal **=** (**igual a**) para indicar a mesma quantidade de elementos. Veja:

2 elementos

=

(igual a)

2 = 2

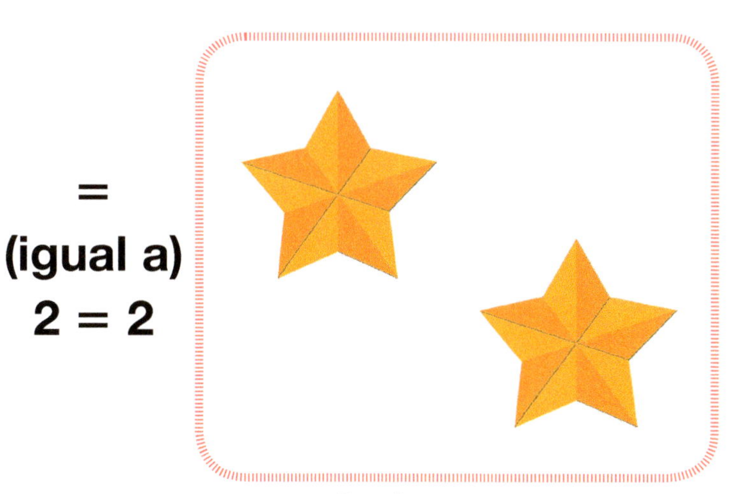

2 elementos

Siga o modelo e represente a igualdade entre as quantidades de elementos dos conjuntos.

3 = 3

3 é igual a 3

____

____

____

____

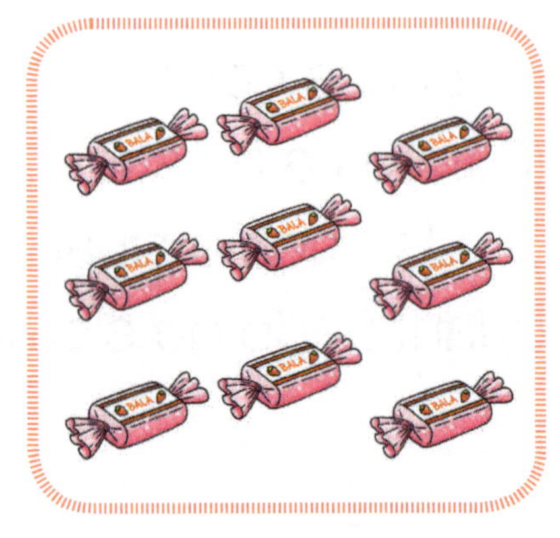

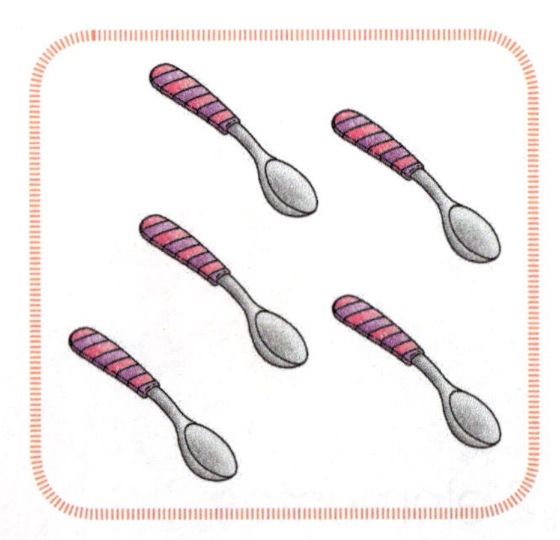

____

____

Agora, observe estes conjuntos.

3 elementos

4 elementos

Esses conjuntos têm quantidades **diferentes** de elementos (3 borboletas e 4 flores).

Usamos o sinal ≠ (**diferente de**) para indicar quantidade diferente de elementos. Veja:

8 elementos

≠

(diferente de)

$8 \neq 10$

10 elementos

Siga o modelo e represente a diferença entre as quantidades de elementos dos conjuntos.

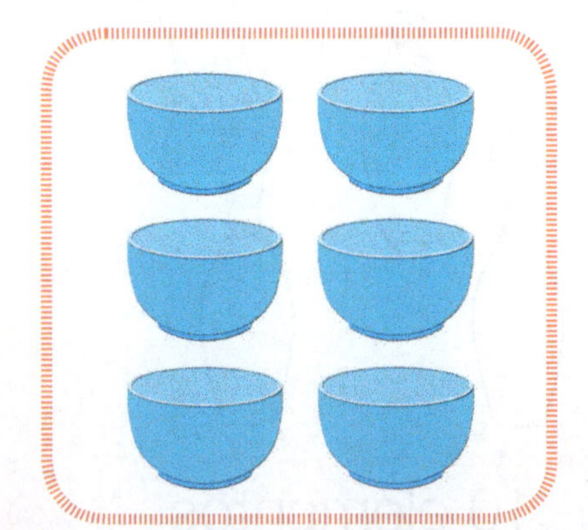

Compare estes conjuntos:

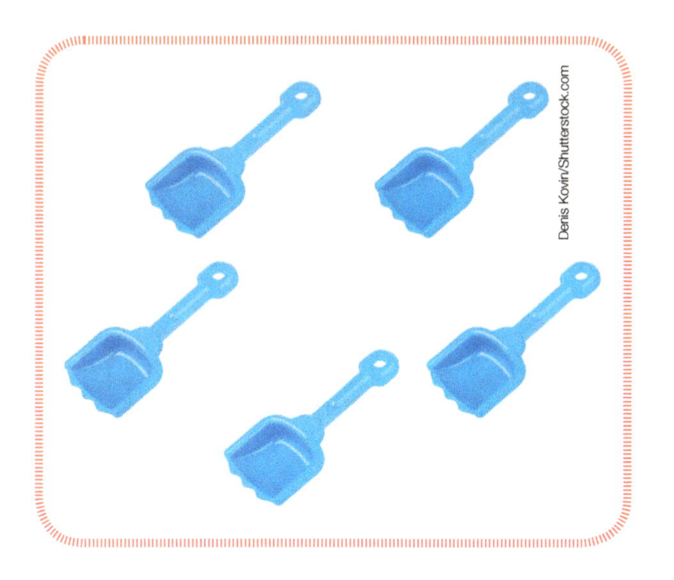

Denis Kovin/Shutterstock.com

Jiri Hera/Dreamstime.com

O conjunto de pazinhas tem mais elementos do que o conjunto de baldinhos. Portanto, a quantidade de pazinhas é **maior que** a quantidade de baldinhos.

Usamos o sinal $>$ (**maior que**) para indicar uma quantidade maior que a outra. Veja:

4 elementos

$>$

(maior que)

$4 > 1$

Fotos: Denis Kovin/Dreamstime.com

1 elemento

Veja outros exemplos:

$8 > 4$ $9 > 2$ $5 > 4$ $2 > 1$

Compare mais estes conjuntos:

O conjunto de petecas tem menos elementos do que o conjunto de piões. Portanto, a quantidade de petecas é **menor que** a quantidade de piões.

Usamos o sinal < (**menor que**) para indicar uma quantidade menor que a outra. Veja:

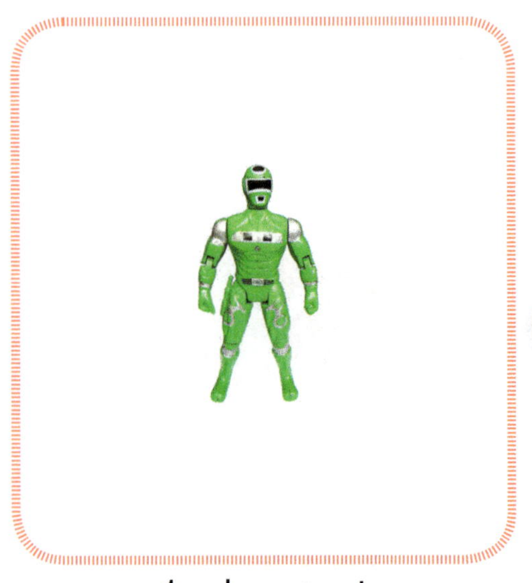

1 elemento

<

(menor que)

1 < 5

Fotos: Vitalik-sv/Dreamstime.com

5 elementos

Veja outros exemplos:

1 < 9   5 < 6   4 < 8   2 < 7

Conte e escreva a quantidade de elementos dos conjuntos, e represente a diferença com > (maior que) ou < (menor que). Siga o modelo.

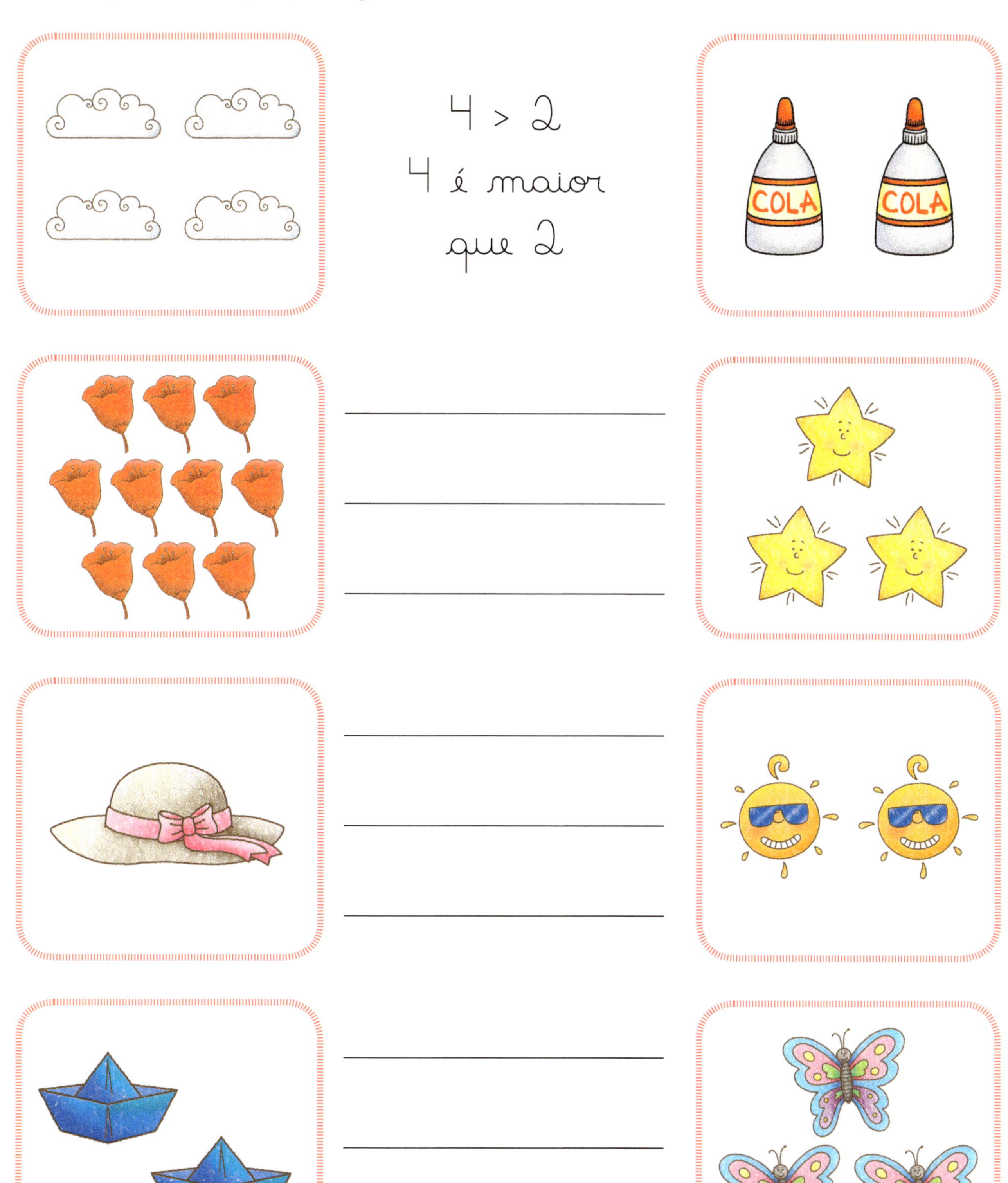

- Compare os números colocando o sinal > (maior que), < (menor que) ou = (igual a). Siga o modelo.

a) 3 __<__ 4

b) 2 _____ 0

c) 5 _____ 7

d) 9 _____ 1

e) 7 _____ 7

f) 6 _____ 6

g) 8 _____ 9

h) 2 _____ 10

- Ligue os números ao sinal correto. Siga o modelo.

3	= / > / <	6	9	= / > / <	7
8	= / > / <	8	2	= / > / <	1
10	= / > / <	10	5	= / > / <	4

Unidade, dezena e meia dezena

Observe o conjunto de vestidos.

3 elementos

O conjunto acima tem 3 elementos. Cada elemento recebe o nome de **unidade**.

Veja:

6 elementos
6 unidades

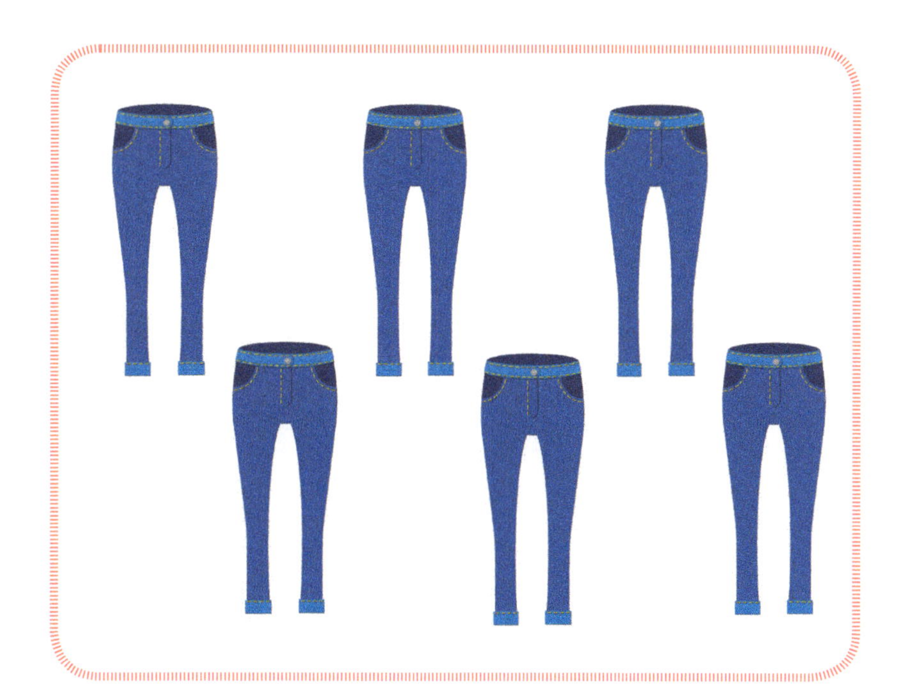

Observe este conjunto de cenouras:

10 elementos
10 unidades

10 elementos = 10 unidades = 1 dezena

Agora, observe este conjunto de libélulas:

5 elementos
5 unidades

5 elementos = 5 unidades = meia dezena

Pinte a quantidade de **unidades** indicada em cada linha.

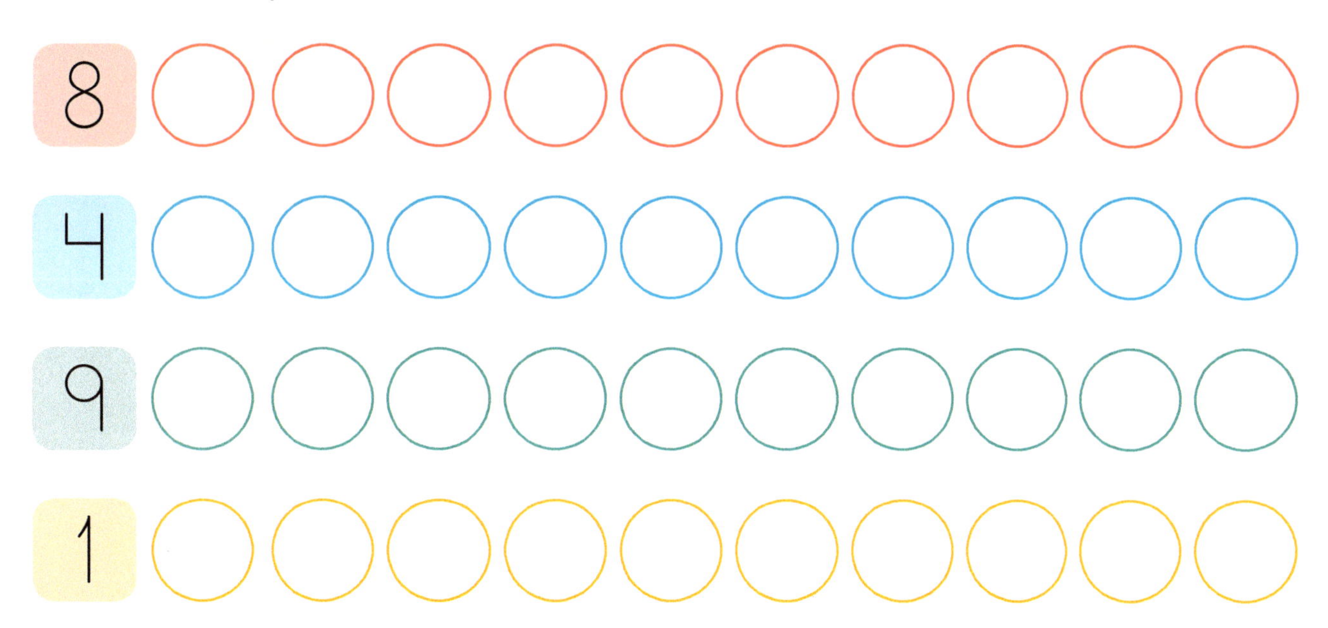

Marque um **X** no conjunto com **meia dezena** de anéis.

Complete os conjuntos para formar **1 dezena** de elementos em cada um deles. Depois, pinte-os.

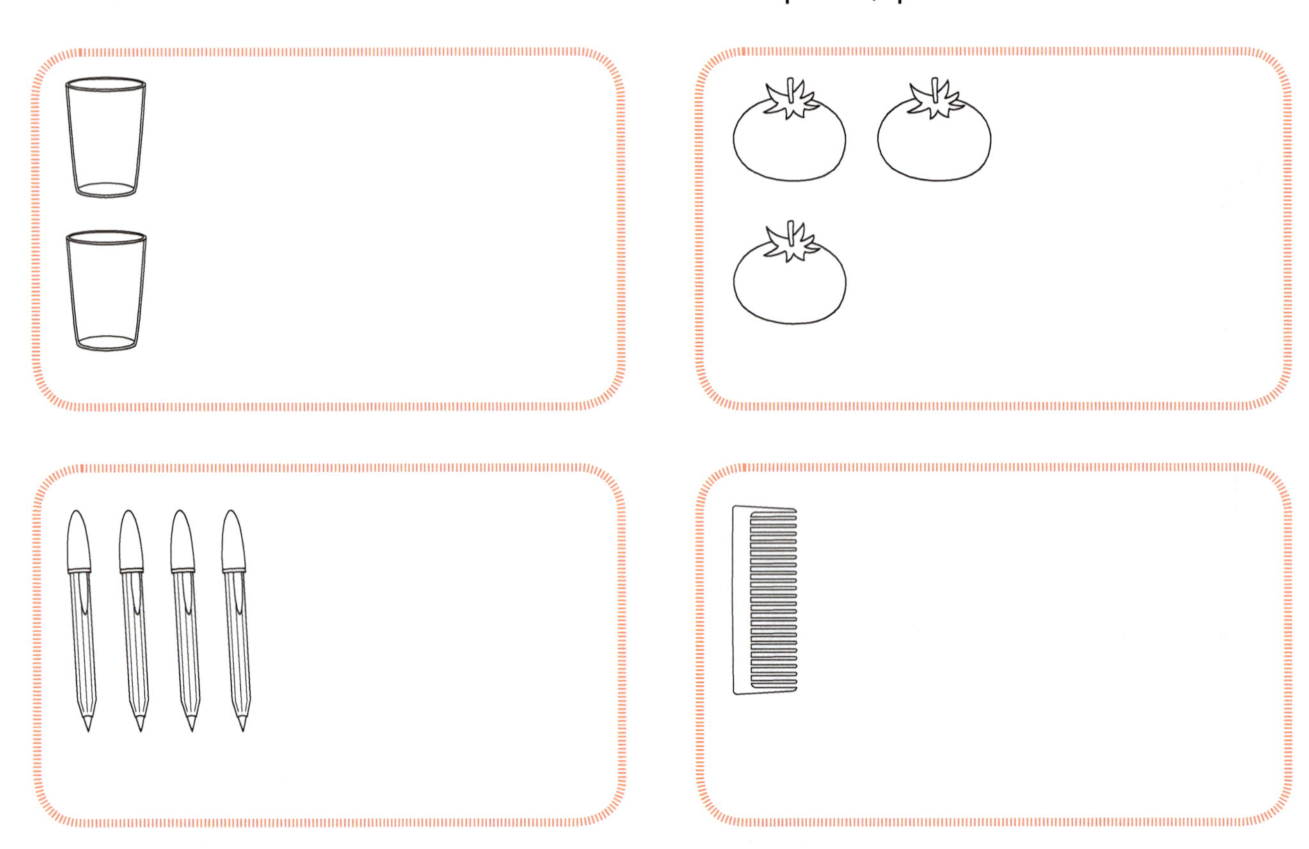

Complete os conjuntos para formar **meia dezena** de elementos em cada um deles. Depois, pinte-os.

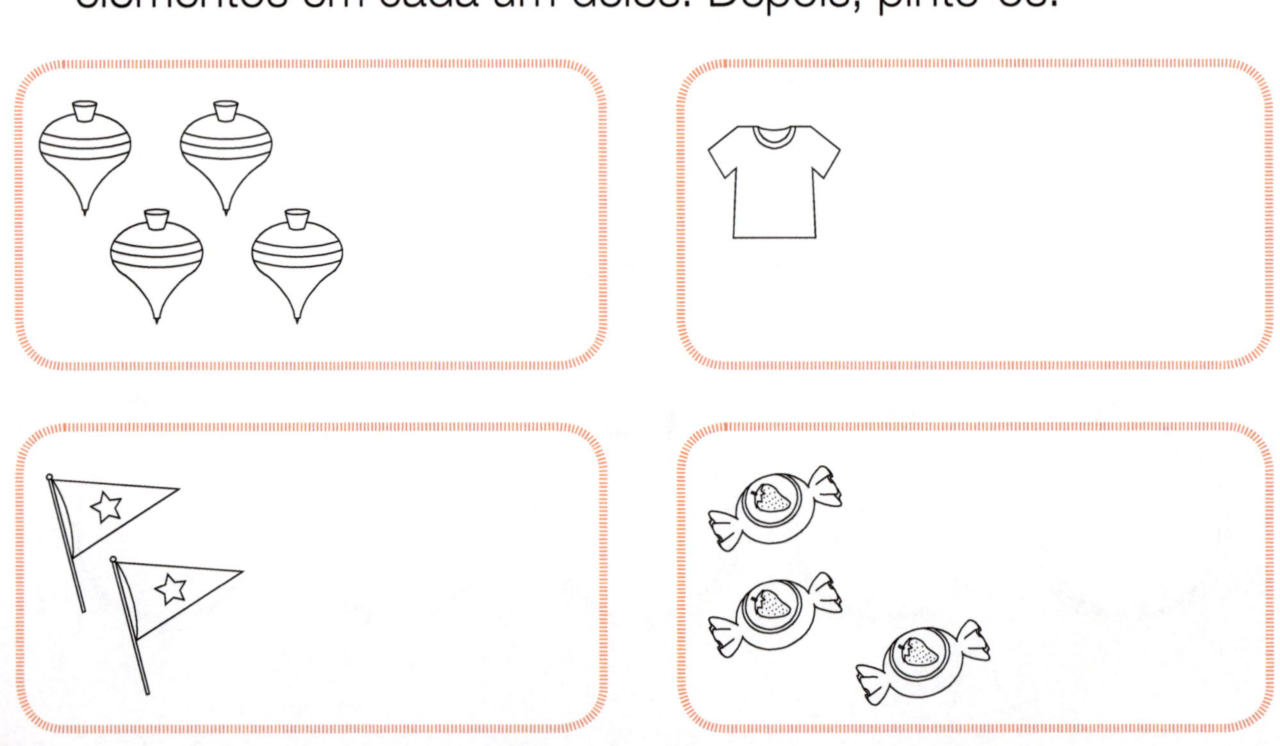

Desenhe **1 dezena** de estrelas para formar o conjunto.

Desenhe **meia dezena** de bolas para formar o conjunto.

Complete:

a) 1 dezena = ______ elementos = ______ unidades;

b) meia dezena = ______ elementos = ______ unidades.

Números de 11 a 30

Este conjunto representa 10 violões ou uma dezena de violões.

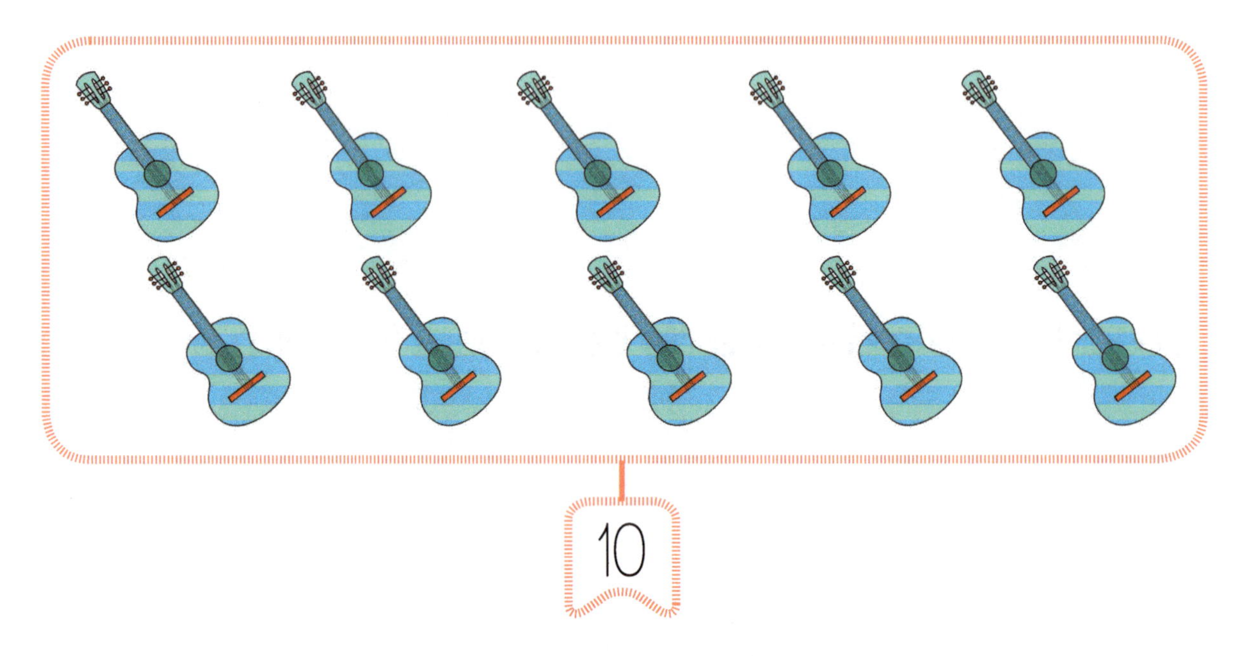

O número **10** é formado por dois algarismos.

Cada algarismo representa uma **ordem** no quadro de valor. Veja:

2ª ordem	1ª ordem
dezena	**unidade**
1	0

ou

D	U
1	0

Lê-se **dez**.

Vamos contar até **20**?

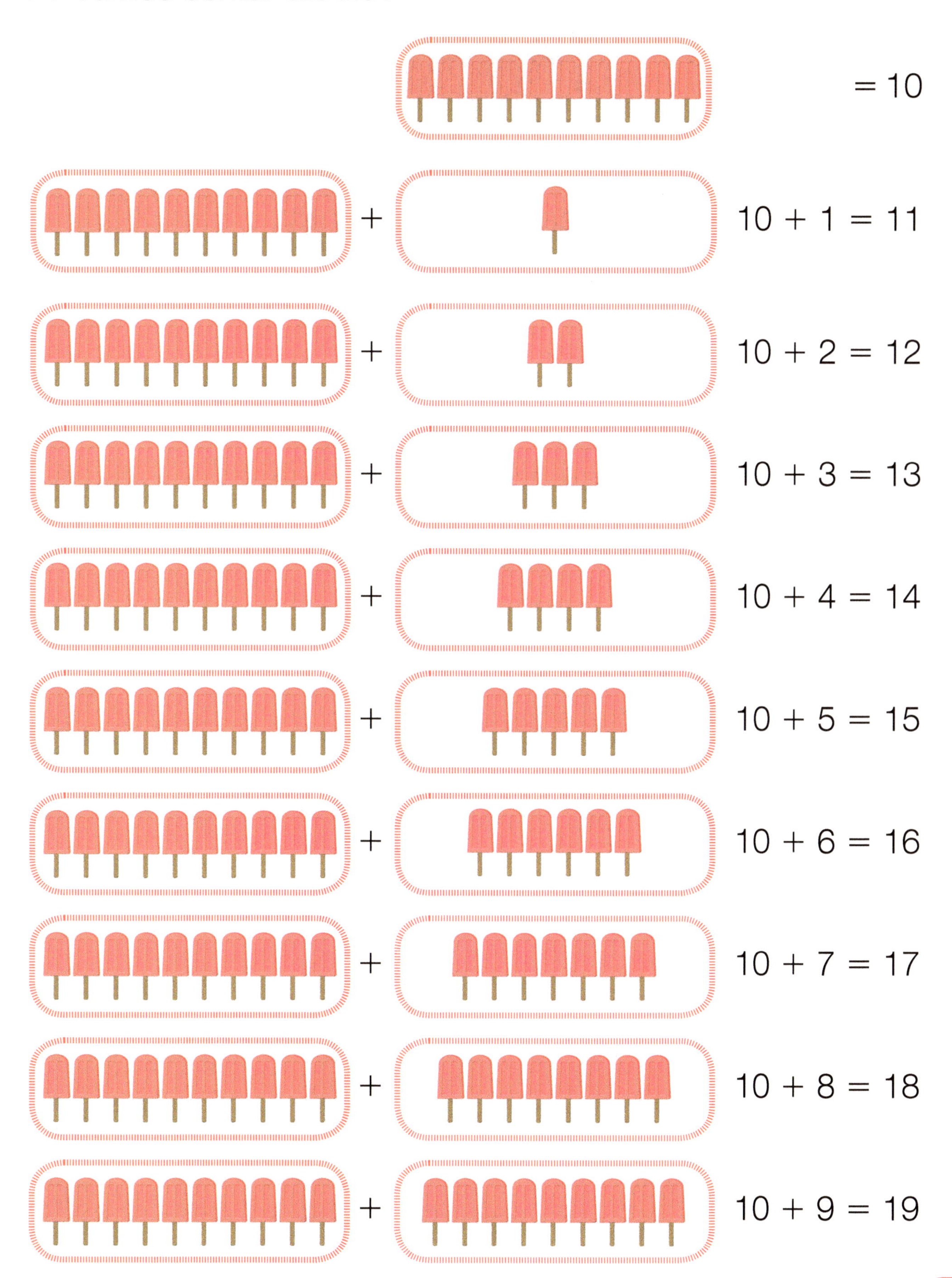

Agora, observe:

20 unidades = 2 dezenas

Vamos contar até **30**?

20 + 1 = 21
20 + 2 = 22
20 + 3 = 23
20 + 4 = 24
20 + 5 = 25
20 + 6 = 26
20 + 7 = 27
20 + 8 = 28
20 + 9 = 29

Veja:

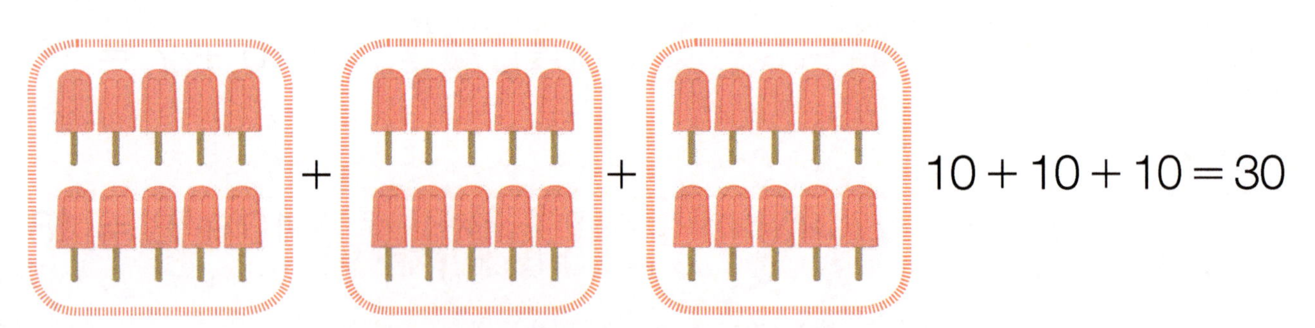

30 unidades = 3 dezenas

Observe os modelos e escreva os números nos quadros de valores.

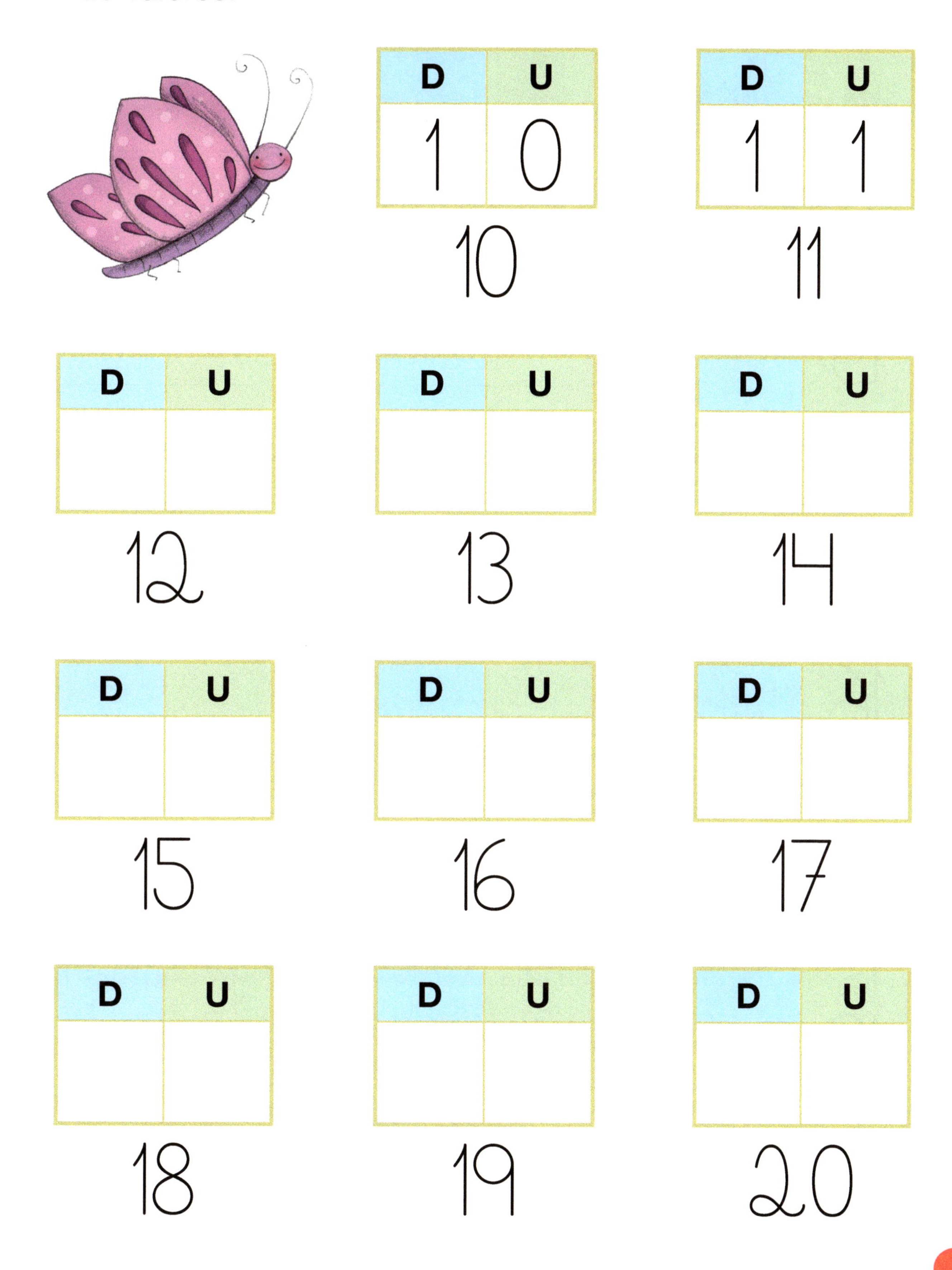

D	U
1	0

10

D	U
1	1

11

D	U

12

D	U

13

D	U

14

D	U

15

D	U

16

D	U

17

D	U

18

D	U

19

D	U

20

Cubra o tracejado e continue escrevendo os números de 11 a 20.

11 11 ______

12 12 ______

13 13 ______

14 14 ______

15 15 ______

16 16 ______

17 17 ______

18 18 ______

19 19 ______

20 20 ______

Cubra o tracejado e continue escrevendo os números de 21 a 30.

21 21 ____________________

22 22 ____________________

23 23 ____________________

24 24 ____________________

25 25 ____________________

26 26 ____________________

27 27 ____________________

28 28 ____________________

29 29 ____________________

30 30 ____________________

Dúzia e meia dúzia

Ligue os pontos e descubra a figura. Use uma cor para os números de 1 a 6 e outra cor para os números de 6 a 12.

Nesta cesta há 12 maçãs. Conte-as.

Esta quantidade de elementos chama-se **dúzia**.
Veja:

12 elementos = 12 unidades = 1 dúzia

Cubra o tracejado.

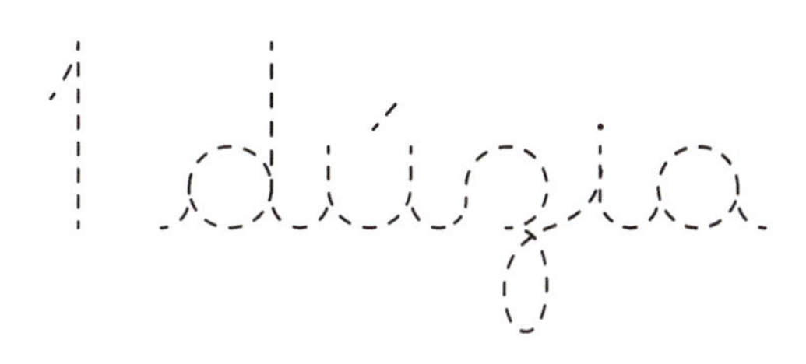

Nesta cesta há 6 mexericas. Conte-as.

Esta quantidade de elementos chama-se **meia dúzia**.
Veja:

Russwitherington/Dreamstime.com

6 elementos = 6 unidades = meia dúzia

Cubra o tracejado.

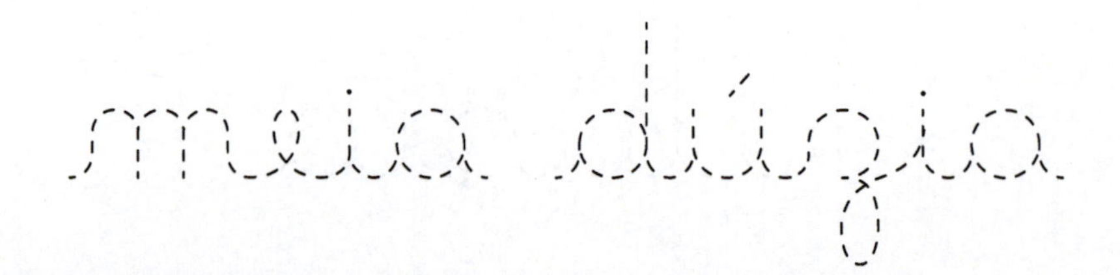

- Pinte o conjunto que tem **1 dúzia** de elementos.

- Pinte **meia dúzia** de peras e **1 dúzia** de maçãs.

Conte e pinte os elementos de cada conjunto. Depois, ligue cada conjunto à quantidade correta.

1 dezena

meia dezena

1 dúzia

meia dúzia

Adição

Valentina tinha 4 flores.
Ganhou mais 3 flores.
Com quantas flores ela ficou?

Veja:

4 flores **mais** 3 flores **é igual a** 7 flores.

Quando **juntamos** quantidades, estamos fazendo uma **adição** ou **soma**.

O sinal da adição é uma cruz: **+** (**mais**).

Siga o modelo e some os elementos dos conjuntos.

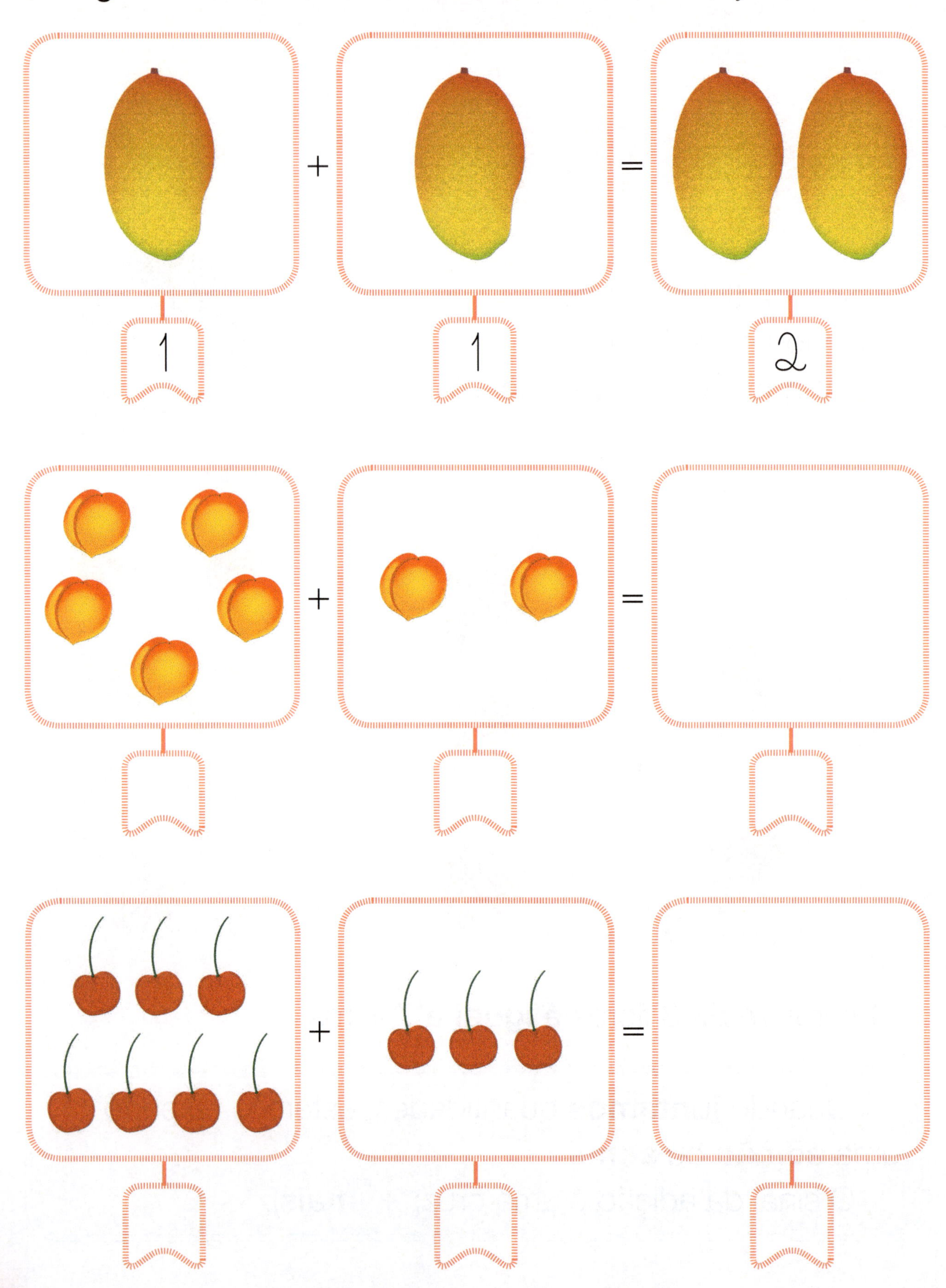

Conte os elementos de cada conjunto e faça as adições. Siga o modelo.

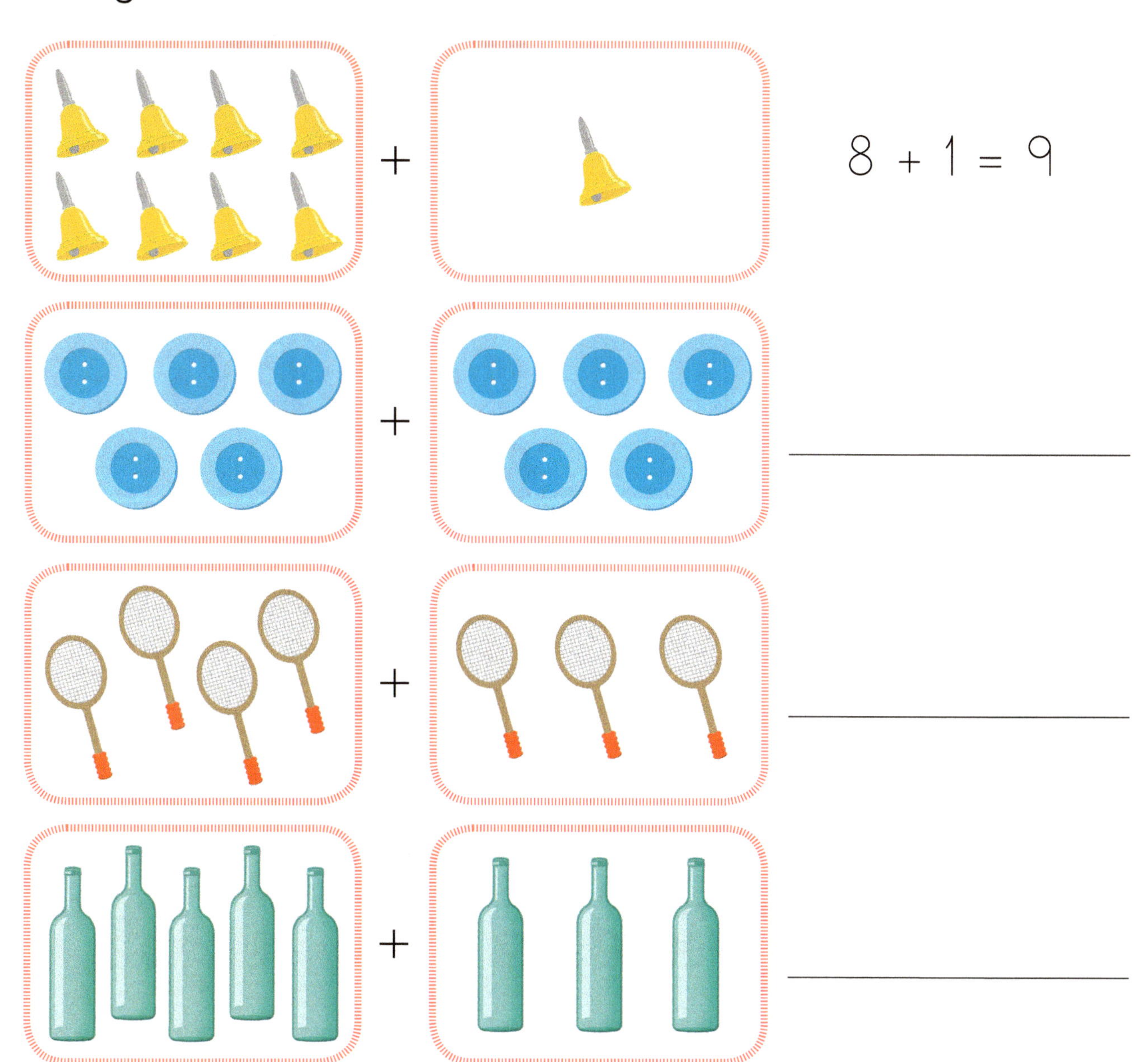

Observe a soma e desenhe elementos nos conjuntos para que correspondam a ela.

+ $6 + 3 = 9$

Resolva as adições. Siga o modelo.

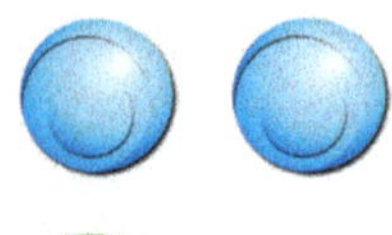

$$\begin{array}{r} 2 \\ +\ 1 \\ \hline 3 \end{array}$$

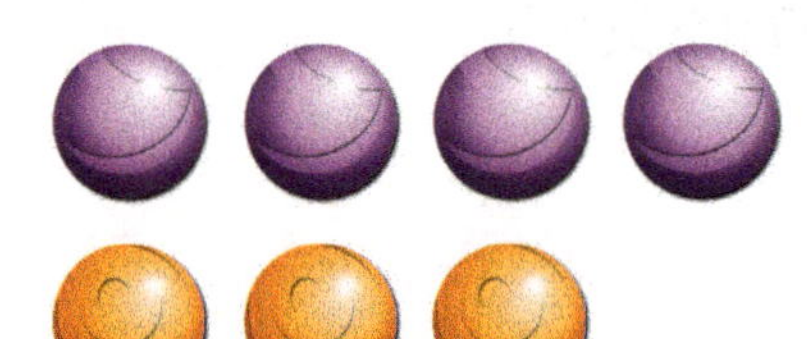

$$\begin{array}{r} 4 \\ +\ 3 \\ \hline \end{array}$$

$$\begin{array}{r} 3 \\ +\ 2 \\ \hline \end{array}$$

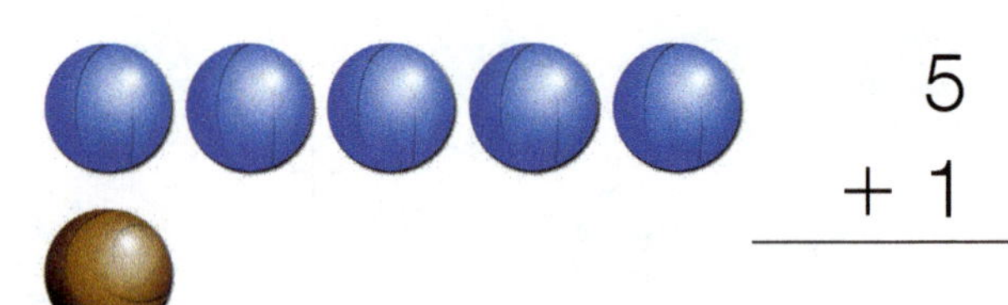

$$\begin{array}{r} 5 \\ +\ 1 \\ \hline \end{array}$$

$$\begin{array}{r} 2 \\ +\ 4 \\ \hline \end{array}$$

$$\begin{array}{r} 4 \\ +\ 4 \\ \hline \end{array}$$

Continue resolvendo as adições.

$$\begin{array}{r} 3 \\ +\ 1 \\ \hline \end{array} \quad \begin{array}{r} 4 \\ +\ 2 \\ \hline \end{array} \quad \begin{array}{r} 5 \\ +\ 1 \\ \hline \end{array} \quad \begin{array}{r} 2 \\ +\ 2 \\ \hline \end{array} \quad \begin{array}{r} 4 \\ +\ 4 \\ \hline \end{array}$$

$$\begin{array}{r} 3 \\ +\ 2 \\ \hline \end{array} \quad \begin{array}{r} 5 \\ +\ 2 \\ \hline \end{array} \quad \begin{array}{r} 4 \\ +\ 5 \\ \hline \end{array} \quad \begin{array}{r} 6 \\ +\ 2 \\ \hline \end{array} \quad \begin{array}{r} 7 \\ +\ 2 \\ \hline \end{array}$$

Resolva os problemas a seguir.

a) Débora comprou  e sua irmã comprou .

Juntas compraram _____ vestidos.

b) João tem   e ganhou mais  .

João ficou com _____ bolas.

c) Fernanda tem  e Tereza tem .

Juntas elas têm _____ laços.

d) Bruno tem  e ganhou mais .

Ele ficou com _____ figurinhas.

Subtração

Sérgio tinha 5 peras, mas já comeu 2.
Com quantas peras Sérgio ficou?

Ele ficou com 3 peras.

Veja outro exemplo:

6 sorvetes **menos** 2 sorvetes **é igual a** 4 sorvetes.

Quando **tiramos** quantidades, fazemos uma **subtração**.

O sinal de subtração é um traço: **–** (**menos**).

Siga o modelo e resolva as subtrações.

Risque 2 cones.

Sobraram 4 cones.

$6 - 2 = 4$

Risque 7 limões.

Sobraram _____ limões.

$9 - 7 =$ _____

Risque 5 tesouras.

Sobraram _____ tesouras.

$10 - 5 =$ _____

Risque 3 formigas.

Sobraram _____ formigas.

$12 - 3 =$ _____

Pinte a quantidade de elementos indicada e resolva as subtrações.

Pinte 3 flores.

Sobraram _____ flores.

_____ – _____ = _____

Pinte 4 tubos de cola.

Sobraram _____ tubos de cola.

_____ – _____ = _____

Continue resolvendo as subtrações.

8	3	4	2	4
– 3	– 2	– 2	– 2	– 3
___	___	___	___	___

6	5	7	1	9
– 5	– 1	– 4	– 1	– 3
___	___	___	___	___

Resolva os problemas a seguir. Veja o modelo.

a) Heitor tinha 9 lápis. Deu 3 lápis para seu colega. Com quantos lápis ele ficou?

$$9 - 3 = 6$$

Heitor ficou com 6 lápis.

urfin/Shutterstock.com

---

b) Elisa tinha 4 anéis. Perdeu 1. Com quantos anéis Elisa ficou?

Kotsios Andreou/Shutterstock.com

_____ – _____ = _____

Elisa ficou com _____ anéis.

---

c) Leonor tinha 5 livros, já leu 2. Quantos livros faltam para ela ler?

catiamadio/Dreamstime.com

_____ – _____ = _____

Faltam _____ livros para ela ler.

---

d) Henrique tinha 10 bolas de tênis, perdeu 5. Quantas bolas restaram?

Denys Prokofyev/Dreamstime.com

_____ – _____ = _____

Restaram _____ bolas.

Números pares e números ímpares

Observe:

As crianças foram agrupadas de **2 em 2** para sentar no brinquedo do parque.

Quando separamos um conjunto de elementos de **2 em 2** e **não sobra nenhum elemento**, dizemos que o número que corresponde a essa quantidade é um **número par**.

Veja:

Shutter-Man/ Shutterstock.com

1 par

Shutter-Man/ Shutterstock.com

1 par

4 brincos
2 pares de brincos
4 é um número par

Os números terminados em **0**, **2**, **4**, **6** ou **8** são **pares**.

Observe a imagem:

Os colegas foram agrupados de **2 em 2** para brincar de adoleta, porém **sobrou 1** colega sem par.

Quando separamos um conjunto de elementos de **2 em 2** e **sobra 1 elemento**, dizemos que o número que corresponde a essa quantidade é um **número ímpar**.

Veja:

Africa Studio/Shutterstock.com

M Studio/Shutterstock.com

5 meias
2 pares de meias
sobra 1 meia
5 é um número ímpar

7 pintinhos
3 pares de pintinhos
sobra 1 pintinho
7 é um número ímpar

Os números terminados em **1**, **3**, **5**, **7** ou **9** são **ímpares**.

Ligue os calçados iguais para formar **pares**.

Agora, responda e complete.

a) Há quantos calçados? ______

b) Há quantos pares de calçados? ______

c) Sobrou algum calçado? ____________

d) Então, o número ______ é par ou ímpar? É ____________.

Conte os elementos e escreva o número que representa essa quantidade. Depois, circule-os de 2 em 2 e pinte o quadro que indica se o número é **par** ou **ímpar**. Siga o modelo.

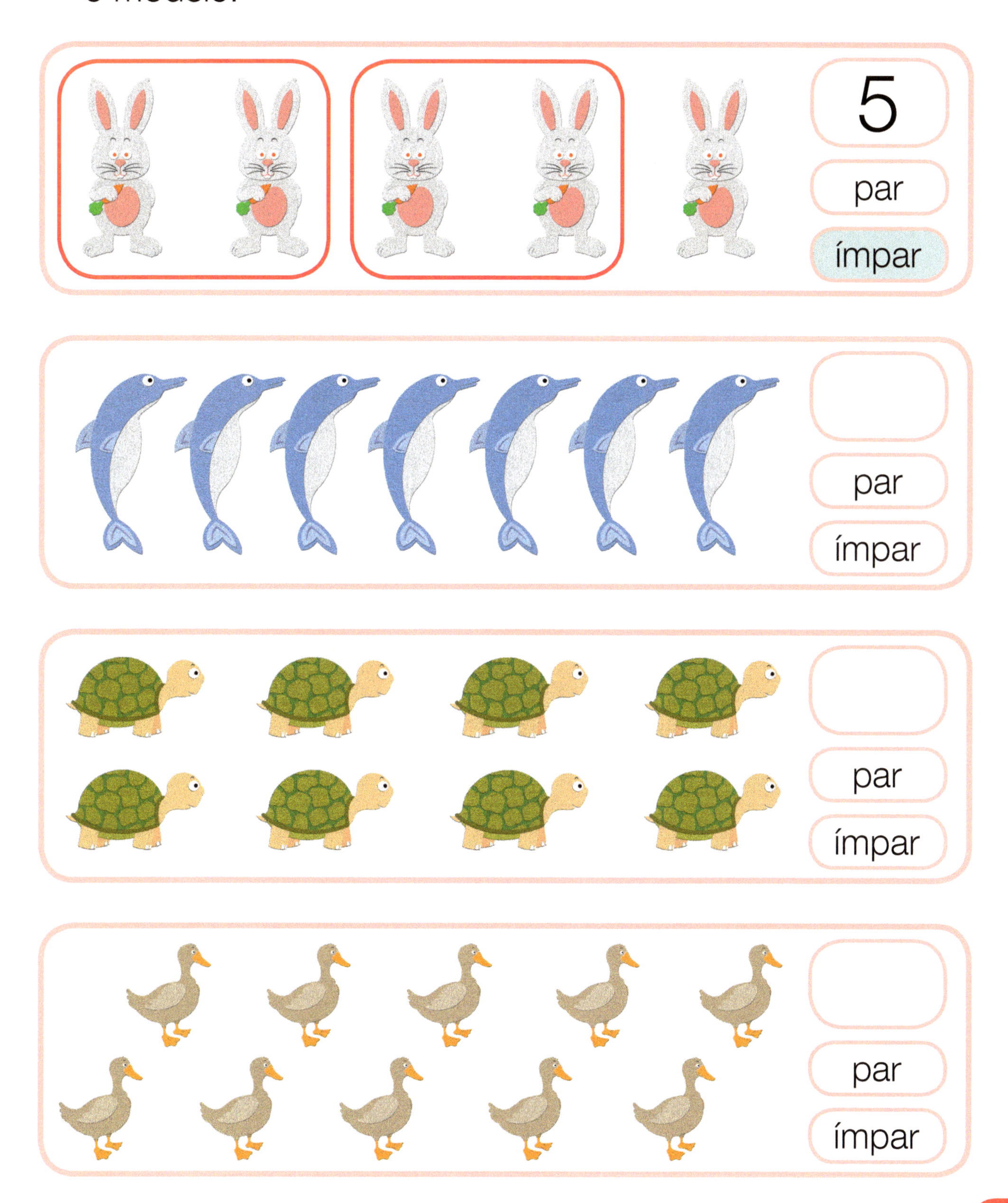

Conte os dedos e anote o número correspondente a essa quantidade. Depois, escreva se cada um é **par** ou **ímpar**.

Dedos	Total de dedos	Par ou ímpar

Agora é sua vez! Brinque de par ou ímpar com um colega e anote os resultados na tabela.

Total de dedos	Par ou ímpar

Medidas de tempo

No relógio, o tempo é medido em horas, minutos e segundos.

Um dia tem **24 horas**.

Observe os relógios.

Oleksandrum/Shutterstock.com

Relógio analógico.
São 10 horas.

Pixelrobot/Dreamstime.com

Relógio digital.
São 6 horas.

No relógio analógico, o ponteiro **menor** marca as **horas** e o ponteiro **maior** marca os **minutos**.

O ponteiro maior dá uma volta completa em **60 minutos**, o que corresponde a **1 hora**.

Quando o ponteiro maior aponta para o número 12, o relógio marca **horas exatas**.

Indique nos relógios a hora em que você realiza cada atividade a seguir.

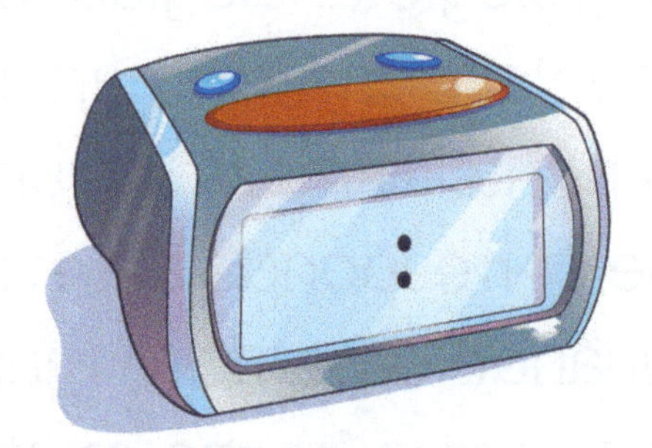

Escreva a hora que cada relógio está marcando.

_______ hora

_______ horas

_______ horas

_______ horas

Desenhe no relógio os ponteiros para indicar a hora em que você sai da escola.

Oleksandrum/Shutterstock.com

O ano, os meses e a semana

O **ano** tem **365 dias**, divididos em **12 meses**.
Os meses do ano são:

- janeiro
- fevereiro
- março
- abril
- maio
- junho
- julho
- agosto
- setembro
- outubro
- novembro
- dezembro

Os meses são divididos em **semanas**.
As semanas são divididas em **7 dias**.

Os dias da semana são:

- domingo
- segunda-feira
- terça-feira
- quarta-feira
- quinta-feira
- sexta-feira
- sábado

doomu/Shutterstock.com

Preencha a ficha com os dados do dia de hoje.

Ano:	
Mês:	
Dia:	
Dia da semana:	

Observe o calendário e responda às questões.

Dezembro 2018

Domingo	Segunda	Terça	Quarta	Quinta	Sexta	Sábado
						1
2	3	4	5	6	7	8
9	10	11	12	13	14	15
16	17	18	19	20	21	22
23	24	25	26	27	28	29
30	31					

a) De qual mês é esse calendário? ______________________

b) Você conhece alguém que faz aniversário nesse mês?

____

c) O dia 7 desse mês está em qual dia da semana?

____

d) E o dia 17? ______________________________

Metro, litro, quilo

Metro

O **metro** é a unidade de medida que utilizamos para medir o **comprimento** de uma parede, rua, sala etc. ou a **distância** entre dois pontos.

Veja alguns instrumentos que servem para medir **comprimento**.

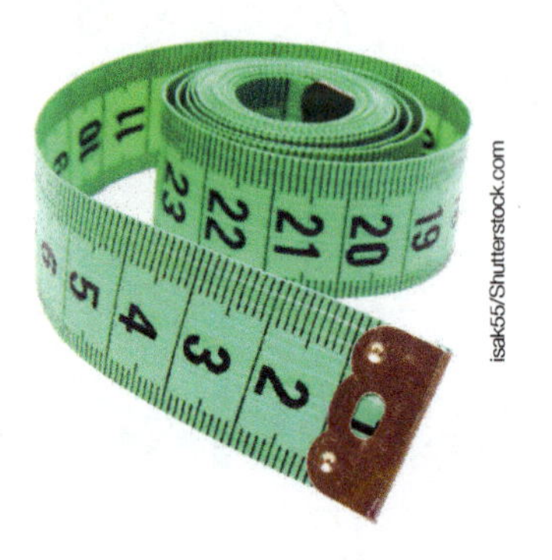

isak55/Shutterstock.com

Fita métrica.

Lihui/Dreamstime.com

Trena.

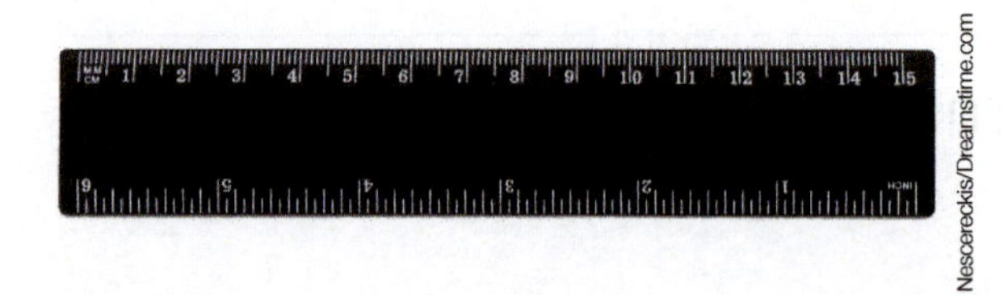

Sergejs Nescereckis/Dreamstime.com

Régua.

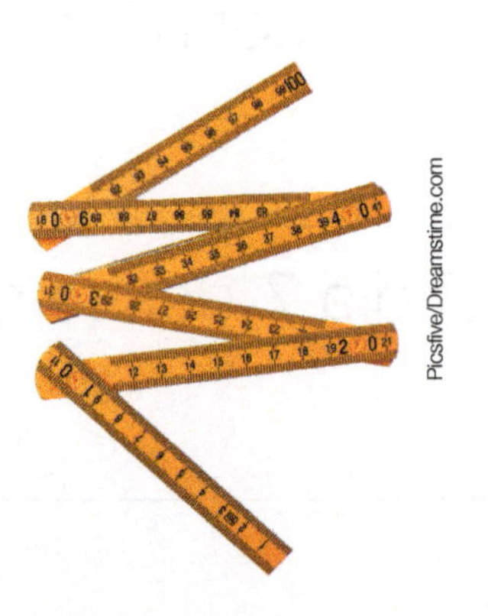

Picsfive/Dreamstime.com

Metro articulado.

Pinte o que podemos comprar por **metro**.

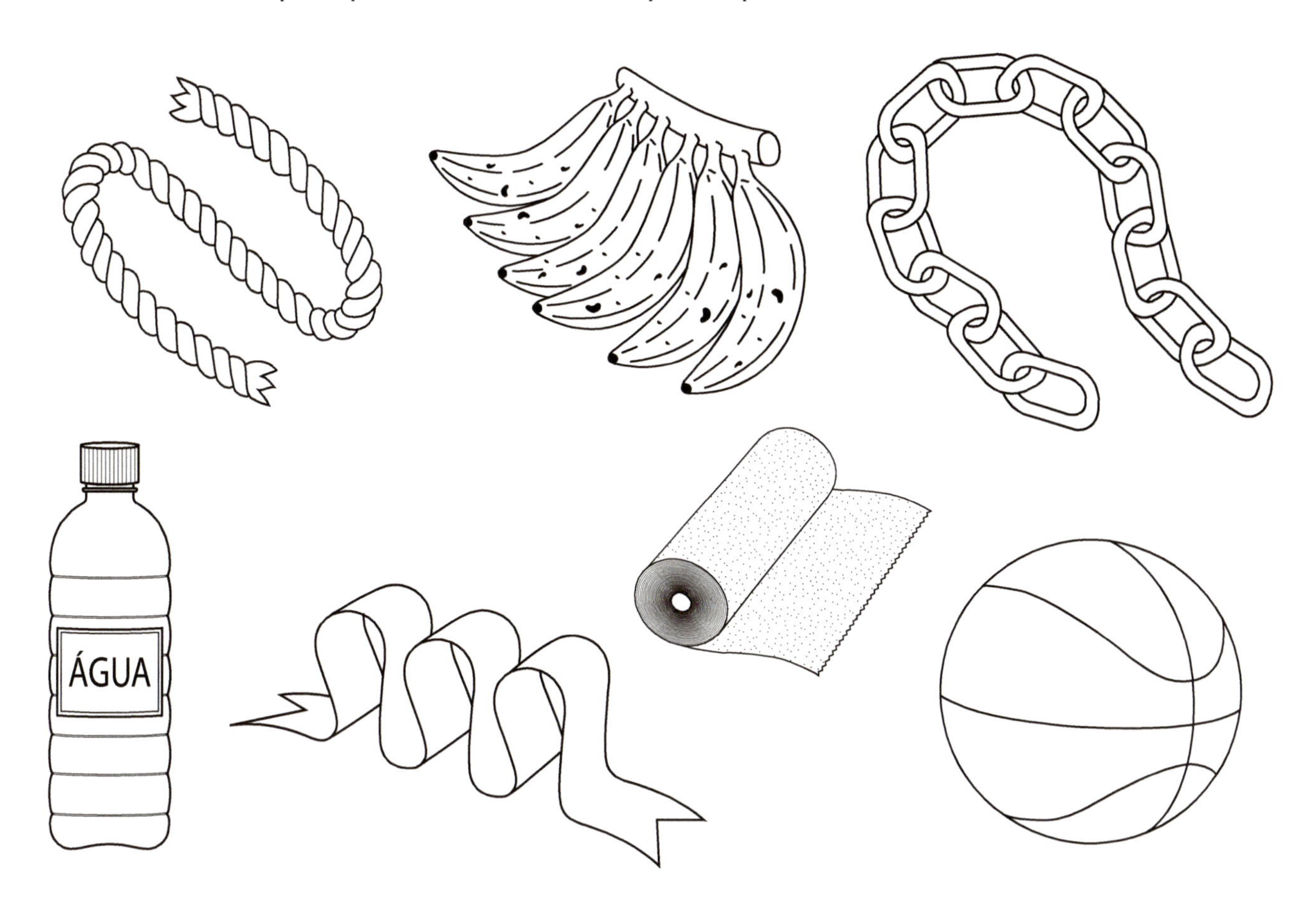

Litro

O **litro** é a unidade de medida que utilizamos para medir a quantidade de líquido que cabe em um recipiente.

Veja alguns instrumentos que servem para medir **capacidade**.

studio BM/Shutterstock.com

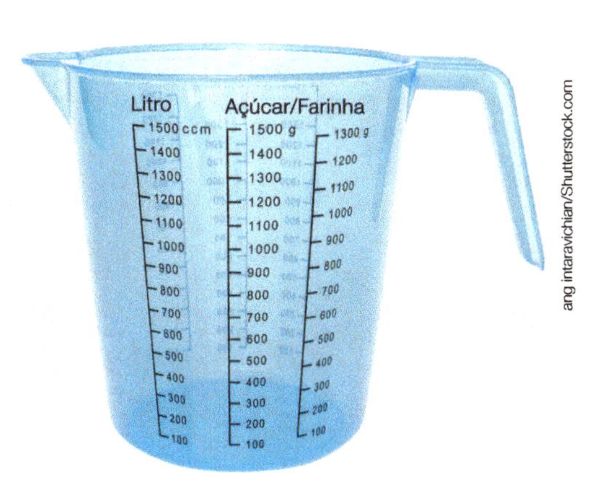

ang intaravichian/Shutterstock.com

Circule o que compramos por **litro**.

Quilo

A unidade de medida que utilizamos para medir a massa ou saber o "peso" de um objeto é o **quilo**.

Veja alguns instrumentos que servem para medir **massa**.

Zhou Eka/Shutterstock.com

Lbarn/Dreamstime.com

Vinne/Shutterstock.com

Marque um **X** no que compramos por quilo.

Observe os sacos de farinha a seguir. Escreva embaixo de cada saco qual aparenta ter 1 kg, 2 kg e 5 kg.

______________________ ______________________ ______________________

Cole embalagens de alimentos medidos conforme as indicações.

Litros
Quilos

Noções de Geometria

Observe as linhas a seguir.

São linhas **abertas simples**.

E as linhas a seguir?

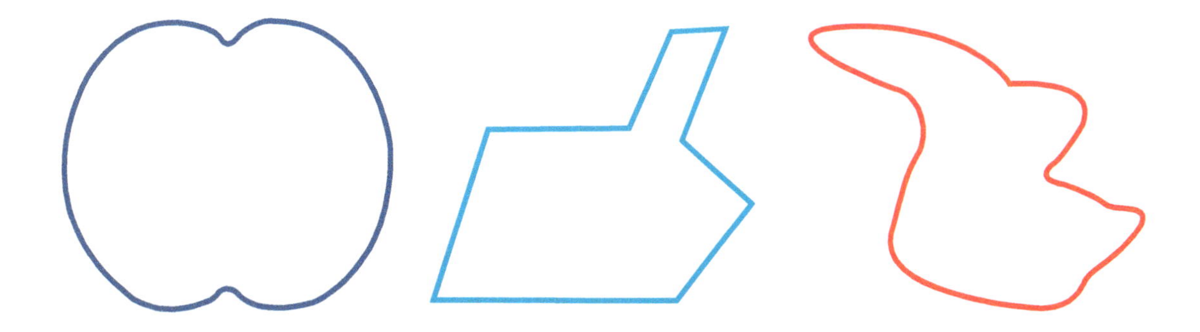

São linhas **fechadas simples**.

Cubra o tracejado e pinte as figuras geométricas.

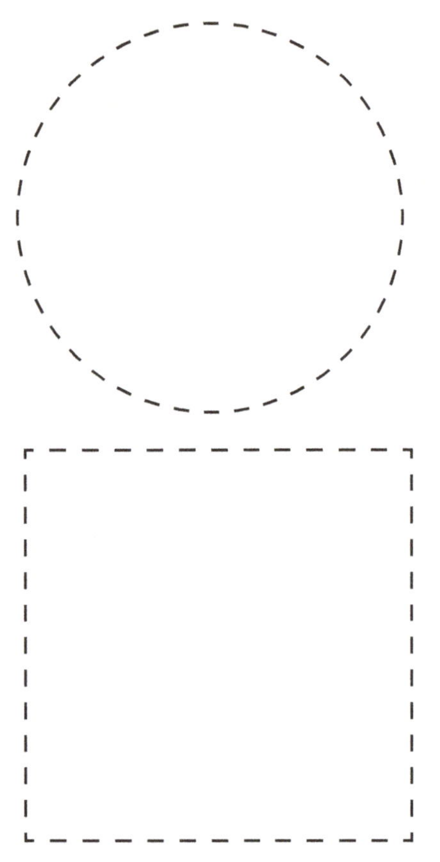

Esta figura é um **círculo**.

Esta figura é um **quadrado**.

Esta figura é um **retângulo**.

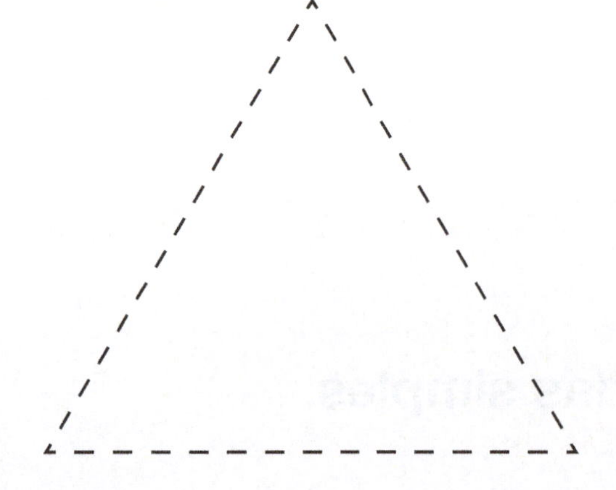

Esta figura é um **triângulo**.

Pinte o ratinho seguindo as cores da legenda.

Crie um desenho usando cada forma geométrica a seguir.

Natureza

Sumário

Coordenação visomotora

Pinte o desenho.

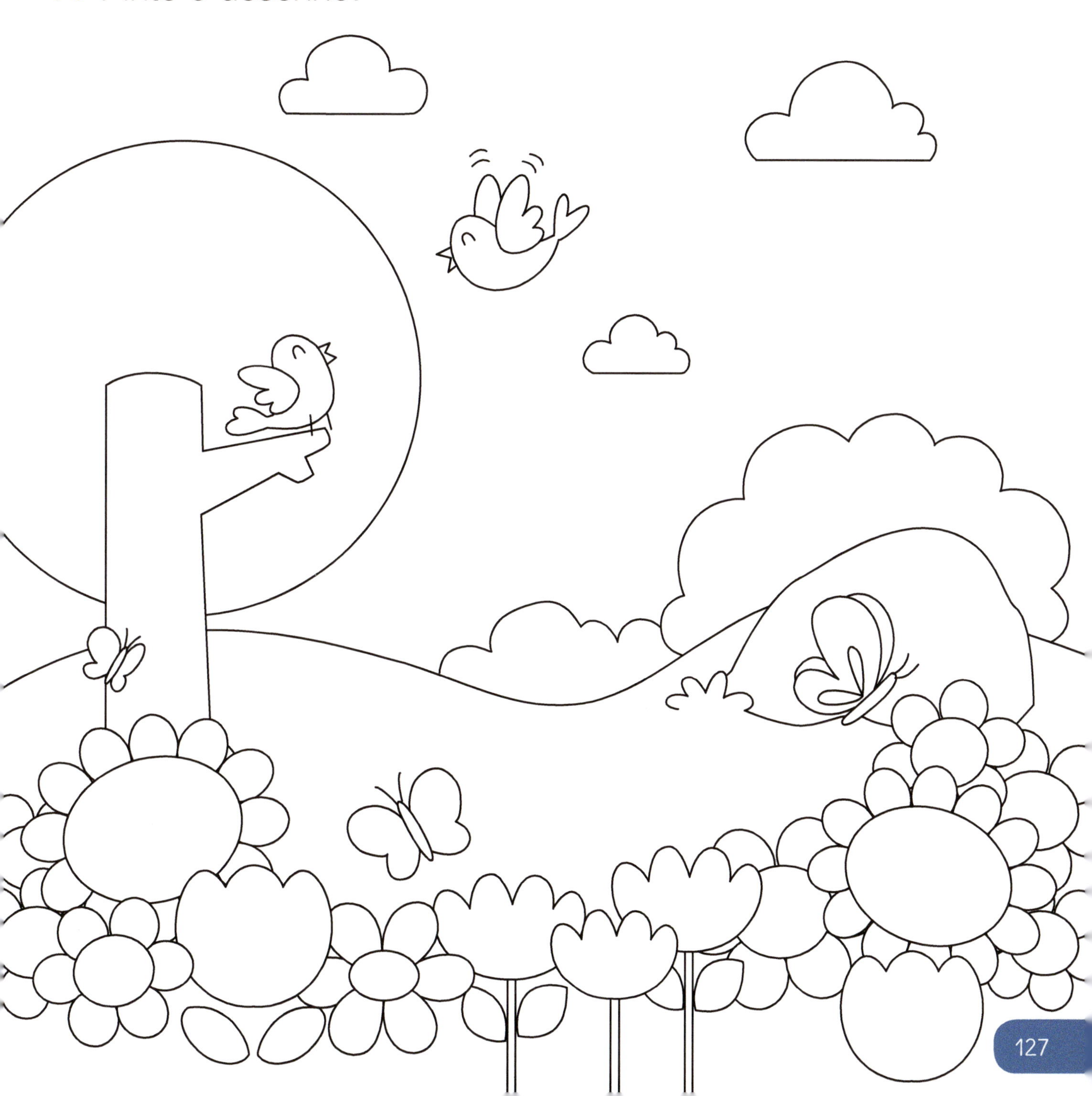

Pinte o foguete e, depois, leve-o até a Lua seguindo a direção da seta.

Cubra o tracejado para completar a figura do polvo. Depois, pinte-o e desenhe o fundo do mar ao redor dele.

Os seres vivos

As pessoas, os animais e as plantas são seres vivos.

Monkey Business Images/Dreamstime.com

Crazychris84/Dreamstime.com

Sergej Razvodovskij/Shutterstock.com

Os seres vivos nascem, crescem, podem reproduzir-se e morrem.

Bebê.

Adolescente.

Adulta.

Idosa.

Para viver, os seres vivos precisam de:

luz do Sol; alimentos; descanso;

ar; água.

Faça uma linha envolvendo apenas os seres vivos.

Circule os seres vivos.

Os elementos não vivos

Os elementos não vivos não nascem, não crescem, não podem reproduzir-se e não morrem.

Muitas coisas da natureza não têm vida.

Água. Sal. Ferro. Ouro. Pedra.

Os objetos inventados pelos seres humanos também são elementos não vivos.

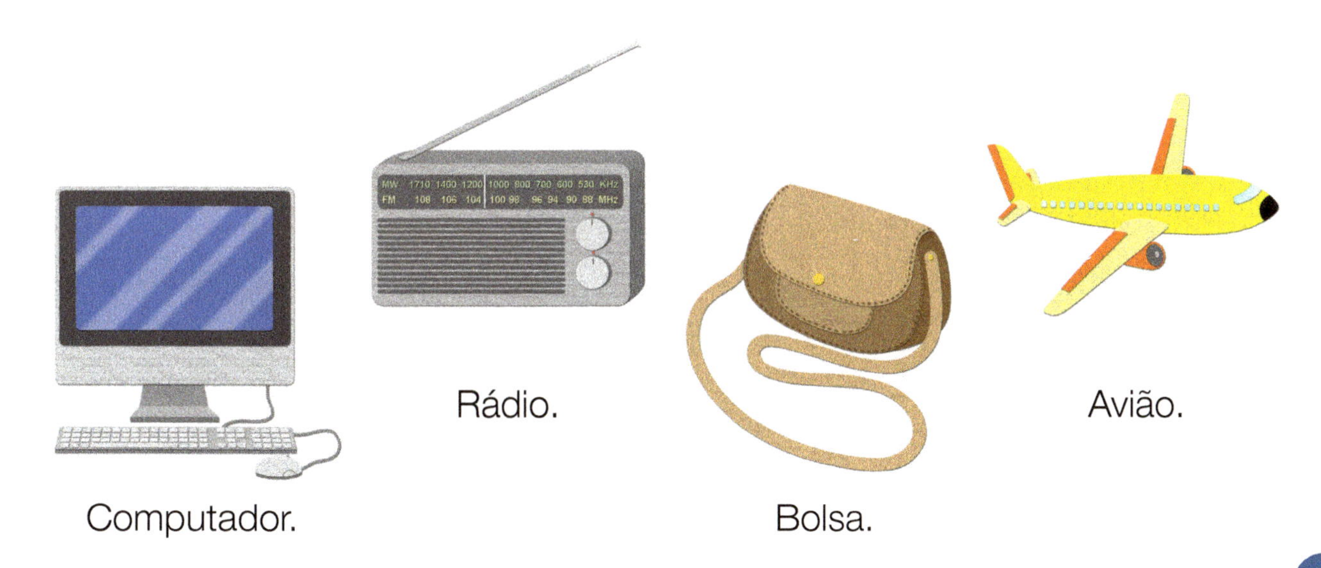

Computador. Rádio. Bolsa. Avião.

Marque um **X** no quadrinho dos elementos não vivos.

Cante a cantiga com os colegas e o professor. Depois, desenhe nos respectivos quadros um ser vivo e um elemento não vivo citados na cantiga.

A canoa virou
Por deixar ela virar
Foi por causa do menino
Que não soube remar.

Se eu fosse um peixinho
E soubesse nadar
Eu tirava o menino
Do fundo do mar.

Cantiga.

Seres vivos

Elementos não vivos

Pinte os elementos não vivos criados pelo ser humano e circule os elementos não vivos naturais.

As plantas

As plantas são seres vivos.
Elas nascem, crescem, podem reproduzir-se e morrem.

Para crescer, as plantas precisam de água, ar, terra fofa, nutrientes, luz e calor do Sol.

Marque um **X** na cena que representa um ambiente propício para o desenvolvimento de uma planta.

Como surgem novas plantas

Há plantas que nascem de sementes. Por exemplo: feijão, maçã, girassol, soja e trigo.

Zts/Dreamstime.com

Feijão.

design56/Shutterstock.com

Maçã.

Dannyphoto80/Dreamstime.com

Girassol.

Outras plantas podem desenvolver-se de mudas. As mudas são pequenos ramos retirados de uma planta adulta. Por exemplo: roseira, bananeira, videira, samambaias e violetas.

Yulyao/Dreamstime.com

Mudas de begônias.

Suthat Chaithaweesap/Shutterstock.com

Mudas de videira.

Pinte as cenas de acordo com a legenda para indicar como estas plantas estão sendo plantadas.

Por meio de semente. Por meio de muda.

Onde podemos encontrar as plantas

As plantas podem ser encontradas na terra, na água ou em troncos de outras plantas.

Byrdyak/Dreamstime.com

kajornyot wildlife photography/Shutterstock.com

Juli Scalzi/Shutterstock.com

- Pinte as plantas que encontrar na cena.

Partes de uma planta

Conheça as partes de uma planta e suas funções.

Com a ajuda do professor, escreva o nome de cada parte da planta. Depois, pinte-a.

As plantas em nossa alimentação

Tanto os animais como os seres humanos podem alimentar-se das diferentes partes das plantas.

Cenoura (raiz).

Canela (caule).

Brócolis (flor).

Rúcula (folha).

Laranjas, maçãs, bananas (frutos).

Marque um **X** no nome da parte da planta a que cada alimento abaixo corresponde.

Horta, jardim e pomar

Na **horta** são cultivados os legumes e as verduras.

Pincarel/Dreamstime.com Peterzijlstra/Dreamstime.com Nevinates/Dreamstime.com

No **jardim** são cultivadas as flores.

Czalewski/Dreamstime.com Ivonnewierink/Dreamstime.com Oliga P/Shutterstock.com

No **pomar** são cultivadas as árvores frutíferas.

Elwynn/Dreamstime.com Mblach/Dreamstime.com Grafner/Dreamstime.com

Observe as imagens e ligue-as ao lugar em que elas costumam ser plantadas.

Circule as frutas citadas na cantiga.

De abóbora faz melão

De abóbora faz melão
De melão faz melancia
Faz doce, sinhá, faz doce, sinhá
Faz doce, sinhá Maria.

Quem quiser aprender a dançar
Vai na casa do Juquinha
Ele pula, ele roda,
Ele faz requebradinha.

Cantiga.

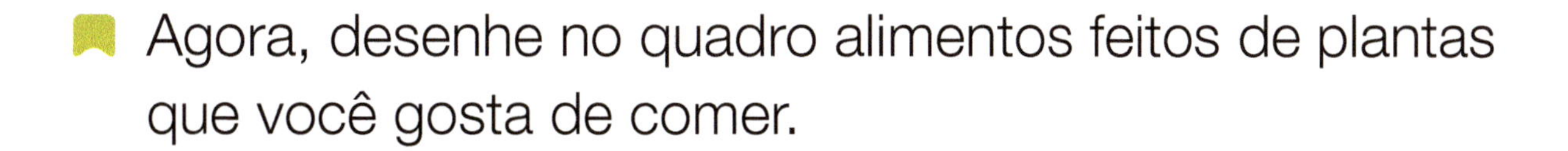

Agora, desenhe no quadro alimentos feitos de plantas que você gosta de comer.

Os animais

Os animais são seres vivos. Eles nascem, crescem, podem reproduzir-se e morrem.

Alamy/Glow Images

Sari ONeal/Shutterstock.com

iStockphoto.com/Thinkstock

Os animais podem ser bem diferentes uns dos outros quanto ao tamanho, ao tipo de alimentação, à cor, à locomoção, à cobertura do corpo etc.

Cbpix/Dreamstime.com

Jan Bures/Shutterstock.com

Ankevanwyk/Dreamstime.com

Rinusbaak/Dreamstime.com

Você sabe como os animais se locomovem?

Vladimir Wrangel/Shutterstock.com

Andando.

Stevebyland/Dreamstime.com

Voando.

Yann Hubert/Shutterstock.com

Nadando.

Rolmat/Dreamstime.com

Rastejando.

Há animais que têm quatro patas, alguns têm apenas dois pés; e outros, nadadeiras.

Lfchavier/Dreamstime.com

Kimrawicz/Shutterstock.com

Sazonov/Dreamstime.com

Ligue cada animal ao rastro deixado por ele.

Escreva nos quadrinhos o número de patas ou de pés de cada animal.

Circule os animais conforme a legenda.

◯ nada ◯ voa ◯ anda

Anan Kaewkhammul/Shutterstock.com

Alexander Sviridov/Shutterstock.com

Eric Isselee/Shutterstock.com

Mooiri/Dreamstime.com

Taden/Dreamstime.com

Isselee/Dreamstime.com

Isselee/Dreamstime.com

Dr.alex/Dreamstime.com

Os **mamíferos** nascem da barriga da mãe, mamam quando filhotes e, geralmente, têm o corpo coberto de pelos.

Oneo/Dreamstime.com

As **aves** têm bico, e as asas e o corpo são cobertos de penas. Todas nascem de ovos, e algumas podem voar.

Davisflowerlady/Dreamstime.com

Os **peixes** vivem na água. Geralmente, têm o corpo coberto de escamas.

Irochka/Dreamstime.com

Os **répteis** geralmente nascem de ovos. Eles têm o corpo coberto por escamas, carapaça ou placas duras.

Aoldman/Dreamstime.com

Os **anfíbios** geralmente apresentam pele úmida e fria. Eles nascem de ovos gelatinosos e vivem na água até completarem seu desenvolvimento. Depois, passam a viver em terra, em locais úmidos.

febriyanto reinaldy/Shutterstock.com

Circule os animais **répteis** e faça um **X** nos **anfíbios**.

Kikkerdirk/Dreamstime.com

Baishev/Shutterstock.com

Johnkasawa/Dreamstime.com

Alle/Dreamstime.com

Pinte apenas os animais **mamíferos**.

Desenhe um **peixe** em seu hábitat natural.

Desenhe uma **ave**.

Alguns animais podem conviver com os seres humanos sem prejudicá-los, por isso são chamados de **animais domesticados**.

Gumpanat/Shutterstock.com

Mdorottya/Dreamstime.com

Srdjan Randjelovic/Shutterstock.com

Outros animais vivem livremente na natureza, por isso são chamados de **animais silvestres**. Alguns desses animais também podem ser encontrados em zoológicos.

Razerindemix/Dreamstime.com

Andrewhowson42/Dreamstime.com

Zanna Holstova/Shutterstock.com

hafizi/Shutterstock.com

Cante com os colegas.

O sítio do seu Lobato

Seu Lobato tinha um sítio, ia, ia, ô
E no seu sítio tinha um cachorrinho, ia, ia, ô
Era au, au, au pra cá
Era au, au, au pra lá
Era au, au, au pra todo lado, ia, ia, ô

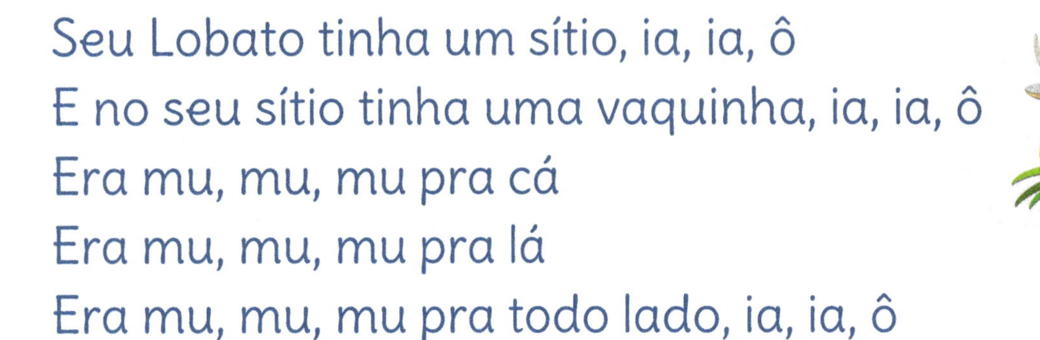

Seu Lobato tinha um sítio, ia, ia, ô
E no seu sítio tinha uma vaquinha, ia, ia, ô
Era mu, mu, mu pra cá
Era mu, mu, mu pra lá
Era mu, mu, mu pra todo lado, ia, ia, ô

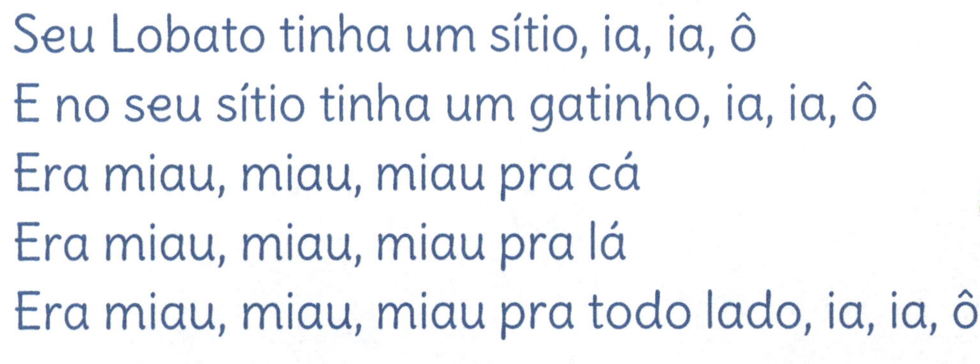

Seu Lobato tinha um sítio, ia, ia, ô
E no seu sítio tinha um gatinho, ia, ia, ô
Era miau, miau, miau pra cá
Era miau, miau, miau pra lá
Era miau, miau, miau pra todo lado, ia, ia, ô

Cantiga.

Agora, marque um **X** na resposta correta.

Os animais citados na música são:

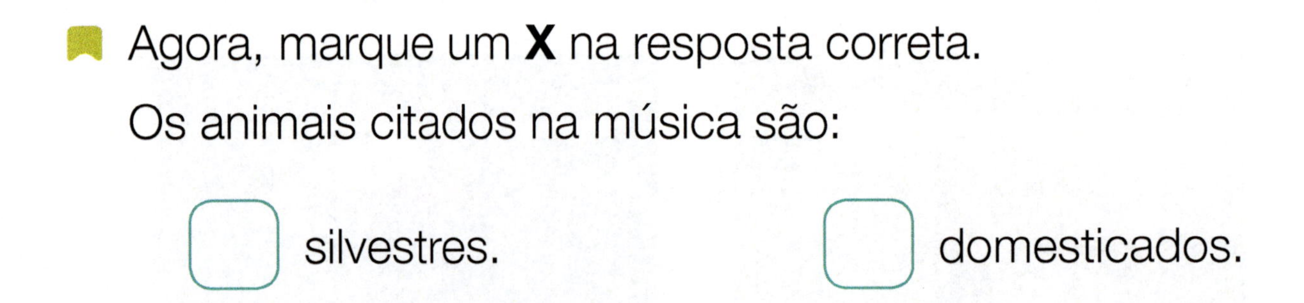

☐ silvestres. ☐ domesticados.

Pinte os animais silvestres.

Os animais que, de certa forma, facilitam a vida dos seres humanos são chamados de **animais úteis**.

Biosphoto/Claudius Thiriet/Diomedia

A vaca fornece carne, leite e couro.

Eric Isselée/Shutterstock.com

O carneiro fornece carne e lã.

Khunaspix/Dreamstime.com

A galinha fornece carne e ovos.

Tsekhmister/Dreamstime.com

O porco fornece carne e banha.

Alexraths/Dreamstime.com

O peixe fornece carne e óleo.

s-a-m/iStockphoto.com

A abelha fornece mel e cera.

GlobalP/iStockphoto.com

O cavalo e o burro puxam carroças e arados e auxiliam no transporte de pessoas e mercadorias.

Os animais que, de alguma forma, prejudicam os seres humanos são chamados de **animais nocivos**.

Eles podem estragar plantações e transmitir doenças. Alguns têm veneno, que pode matar pessoas e animais.

Evgeniy Ayupov/Shutterstock.com
amwu/iStockphoto.com
Pakhnyushcha/Shutterstock.com
Henrik Larsson/Shutterstock.com

Ligue o animal ao que ele nos fornece.

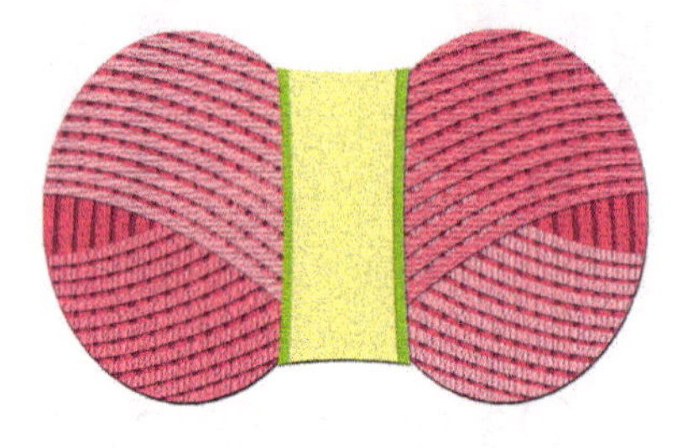

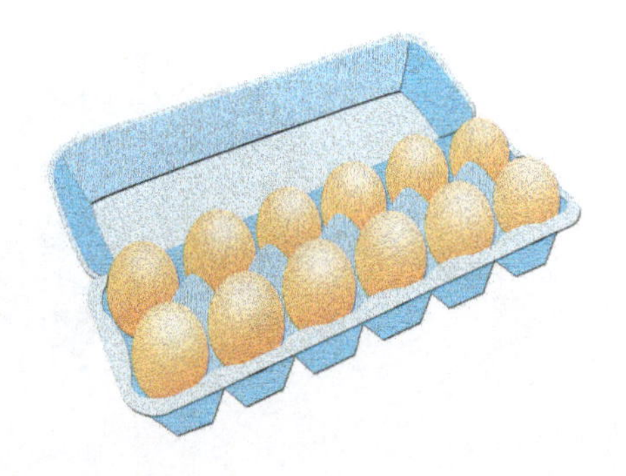

Circule os animais nocivos a seres humanos.

Que tal fazer uma pesquisa? Escolha um animal, cole a figura dele no quadro e preencha a pesquisa a seguir.

Nome do animal: ______________________________

a) Ele se locomove:

- [ ] na água.
- [ ] na terra.
- [ ] no ar.

b) Esse animal é:

- [ ] um mamífero.
- [ ] uma ave.
- [ ] um réptil.
- [ ] um anfíbio.
- [ ] um peixe.
- [ ] __________.

c) Quantos pés ou quantas patas ele tem?

- [ ] 2
- [ ] 4
- [ ] __________

d) Ele é:

- [ ] silvestre.
- [ ] domesticado.

De acordo com a indicação, pesquise figuras de animais e cole-as nos quadros.

animais com penas

animais com escamas

animais silvestres
animais domesticados

A água

A água é muito importante para a vida na Terra.
Sem água, não podemos viver.

Veja onde podemos encontrar água.

Rio.

Poço.

Lago.

Mar.

Utilidades da água

Beber.

Tomar banho.

Cozinhar.

Lavar roupa.

Proporcionar lazer.

Regar plantas.

Saciar a sede dos animais.

Navegar.

Gerar eletricidade.

Limpar a casa.

Lavar frutas e verduras.

Lavar louça.

Apagar incêndios.

Devemos beber água:

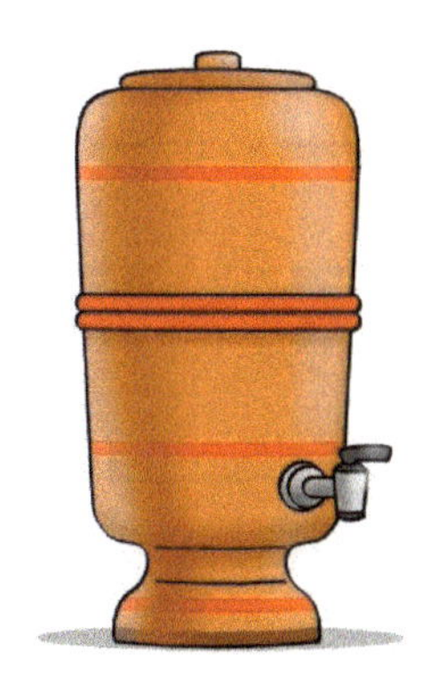

filtrada

ou

fervida.

Pinte os seres que precisam de água para viver.

Marque um **X** nas cenas que mostram o uso correto da água, sem desperdício.

Pinte as cenas que mostram pessoas bebendo água própria para consumo e faça um **X** nas cenas em que as pessoas estão consumindo água imprópria.

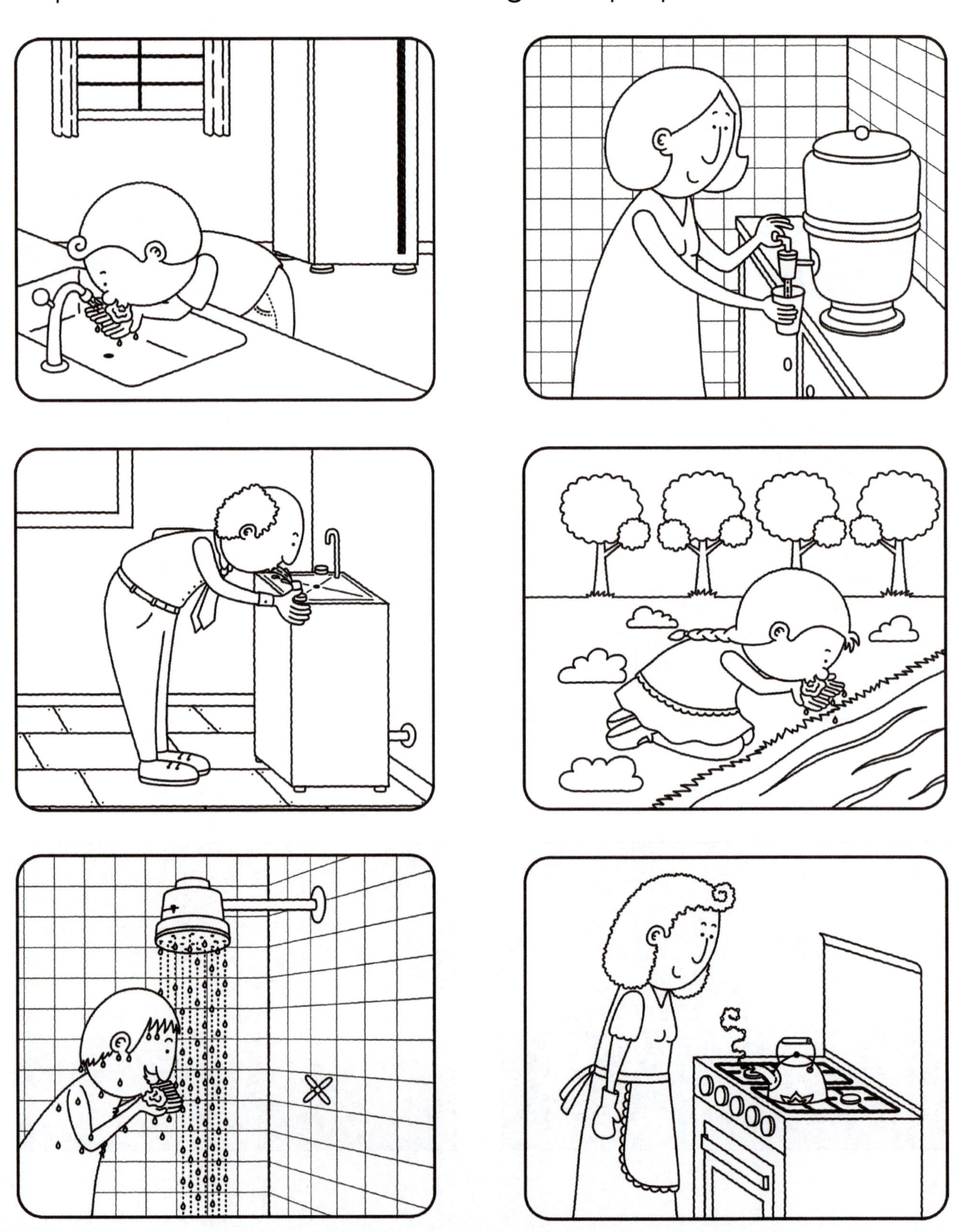

As estações do ano

As estações do ano são quatro.

Taweesak Jaroensin/Shutterstock.com

Primavera – estação das flores.

lazyllama/Shutterstock.com

Verão – estação do calor.

Rafal Olechowski/Shutterstock.com

Outono – estação dos frutos.

Gerson Gerloff/Pulsar Imagens

Inverno – estação do frio.

Ligue o nome da estação do ano à figura correspondente a ela.

verão

inverno

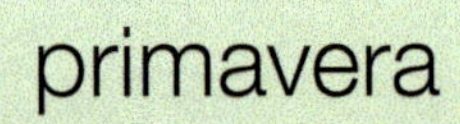

primavera

outono

As características de cada estação do ano dependem da região do país.

Como são as estações no lugar em que você vive? Faça desenhos para representá-las.

primavera	verão
outono	inverno

Circule de **azul** as roupas que costumamos usar no inverno e de **vermelho** aquelas que usamos no verão.

Faça um desenho para representar algo que você gosta de fazer durante sua estação do ano preferida.

O corpo humano

O corpo humano é formado por três partes: cabeça, tronco e membros (pernas e braços).

Desenhe as partes que faltam ao corpo das crianças.

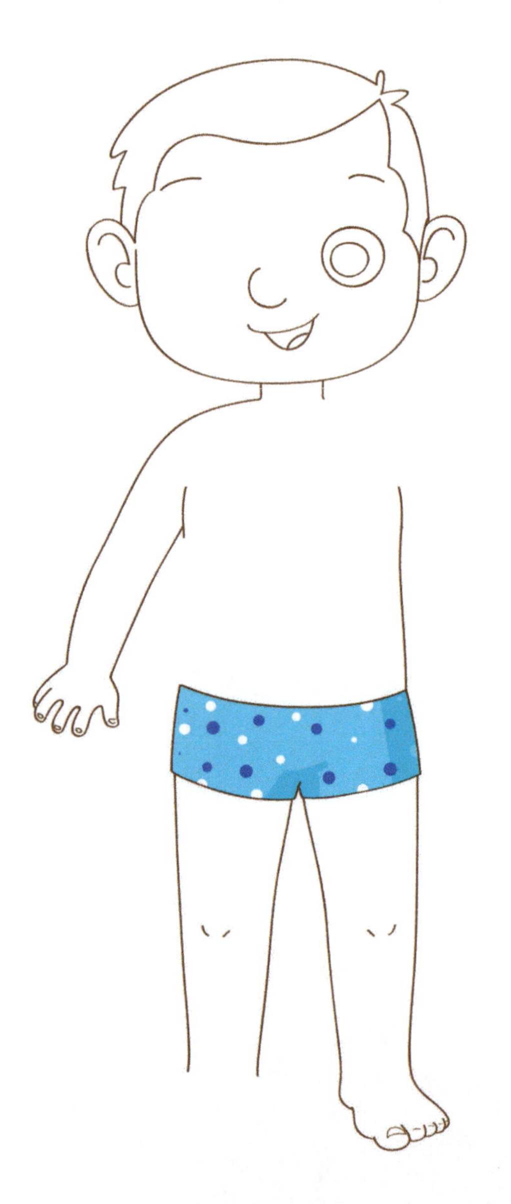

Observe o seu corpo em um espelho e desenhe-o no quadro. Depois, pinte-o de acordo com a legenda.

cabeça	tronco	membros

Recorte de jornais e revistas figuras de peças de roupa e acessórios para vestir a menina representada abaixo.

Cante a música com os colegas e aponte as partes do corpo que são citadas nela. Depois, pinte o desenho.

Formiguinha

Fui ao mercado comprar café
Veio a formiguinha e subiu no meu pé
Aí eu sacudi, sacudi, sacudi
Mas a formiguinha não parava de subir.

Fui ao mercado comprar batata-roxa
Veio a formiguinha e subiu na minha coxa
Aí eu sacudi, sacudi, sacudi
Mas a formiguinha não parava de subir.

Fui ao mercado comprar mamão
Veio a formiguinha e subiu na minha mão
Aí eu sacudi, sacudi, sacudi
Mas a formiguinha não parava de subir.

Fui ao mercado comprar jerimum
Veio a formiguinha e subiu no meu bumbum
Eu sacudi, sacudi, sacudi
Mas a formiguinha não parava de subir.

Fui ao mercado comprar um giz
Veio a formiguinha e subiu no meu nariz
Aí eu sacudi, sacudi, sacudi
Mas a formiguinha não parava de subir.

Cantiga.

Hábitos de higiene e saúde

A saúde é muito importante. Para mantê-la, é preciso ter alguns cuidados especiais e muita higiene.

Veja algumas atitudes importantes para o bem-estar do corpo.

Escovar os dentes ao acordar, após as refeições e antes de dormir.

Lavar as mãos antes das refeições e depois de brincar e de usar o banheiro.

Tomar banho todos os dias.

Pentear os cabelos.

Praticar atividades físicas.

Dormir pelo menos oito horas por dia.

Cortar as unhas.

Usar roupas limpas e confortáveis.

Beber água, alimentar-se bem e nas horas certas.

Ir ao médico e ao dentista com frequência.

Pinte os objetos que são usados para fazer a higiene do corpo.

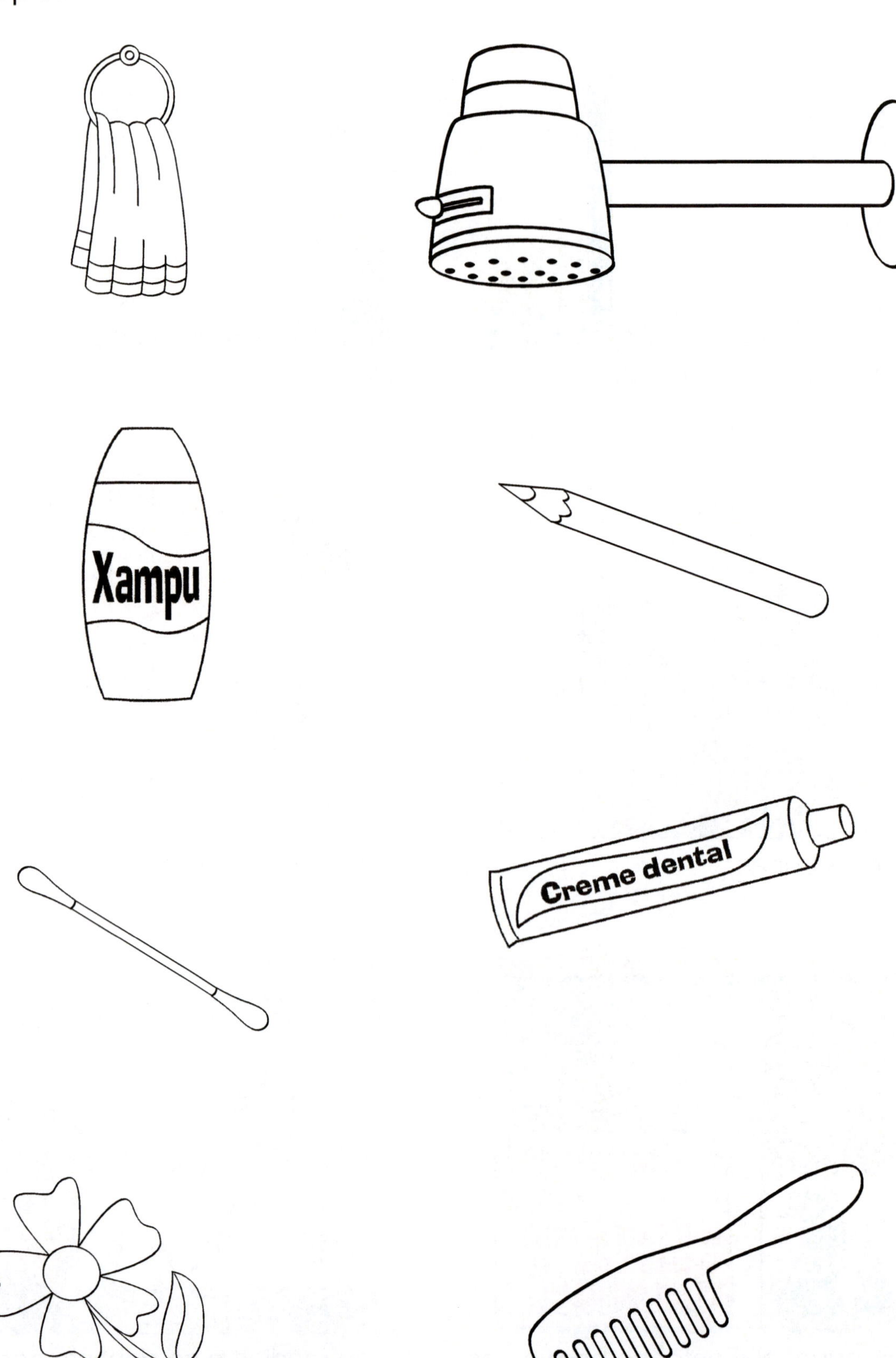

Pinte as cenas que representam situações depois das quais devemos lavar as mãos.

Observe a atividade que cada criança está fazendo e ligue-a ao que ela precisará fazer depois, para cuidar de sua saúde.

Os sentidos

Os órgãos dos sentidos ajudam nosso corpo a perceber tudo o que nos rodeia.

Os seres humanos têm cinco sentidos: **visão**, **audição**, **olfato**, **tato** e **gustação**.

Thinkstock/iStockphoto.com

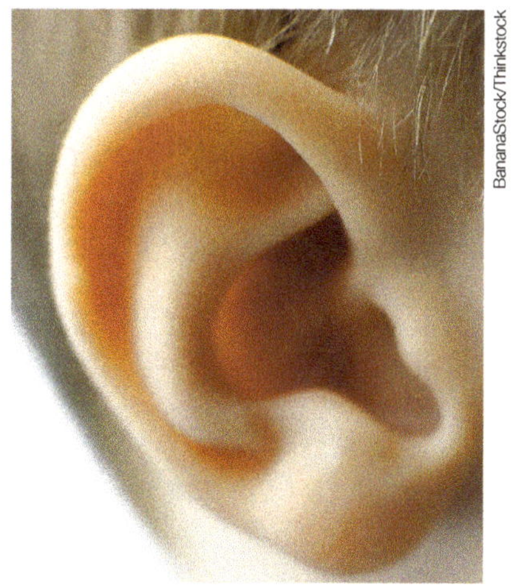

BananaStock/Thinkstock

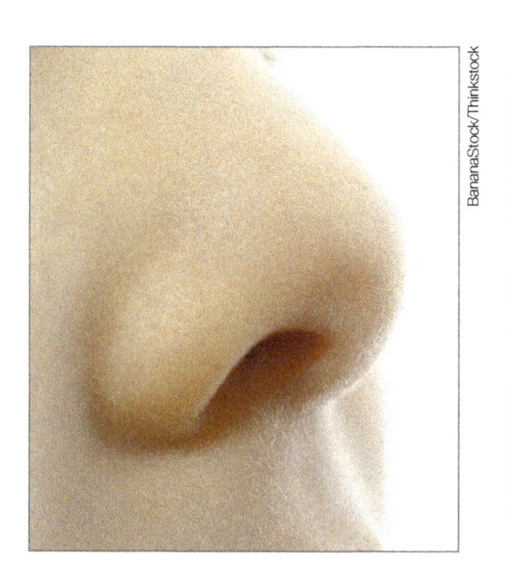

BananaStock/Thinkstock

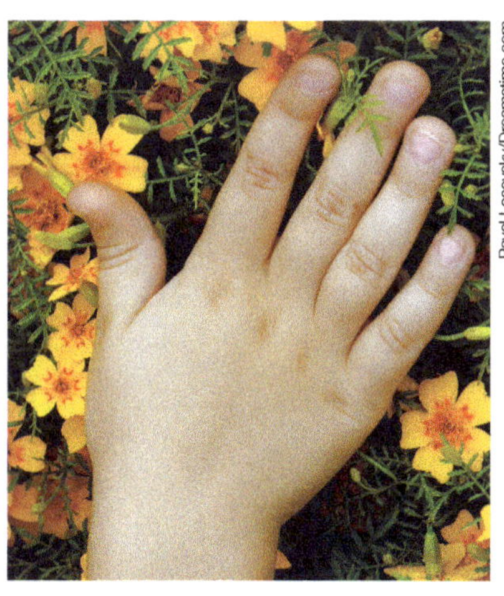

Pavel Losevsky/Dreamstime.com

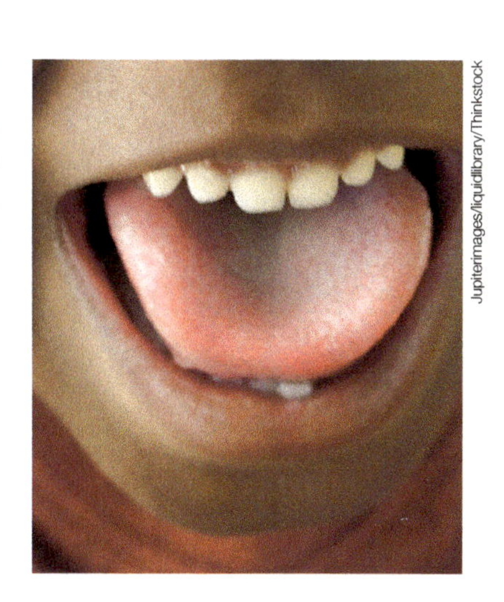

Jupiterimages/liquidlibrary/Thinkstock

Pelo sentido da **visão** (**olhos**) podemos enxergar as coisas e as pessoas que nos cercam.

Pelo sentido do **olfato** (**nariz**) podemos sentir o cheiro das coisas.

Pelo sentido do **tato** (**pele**) podemos reconhecer os objetos, mesmo sem vê-los, apenas tocando-os, e sentir se estão frios, quentes ou se são moles, duros, macios, ásperos etc.

Pelo sentido da **gustação** (**língua**) podemos sentir o gosto do que comemos ou bebemos. Graças à gustação, percebemos o que é doce, salgado, azedo ou amargo.

Pelo sentido da **audição** (**orelhas**) podemos escutar sons do ambiente.

Cante com os colegas e o professor.

Os sentidos

Meus olhinhos são pra ver
Meu nariz é pra cheirar
Minha boca é pra comer
Meu ouvido é pra escutar.

Completando os sentidos
Tenho as mãos para pegar
E os bracinhos bem compridos
Pra mamãe eu abraçar.

Yorrana Plinta.

Ligue corretamente.

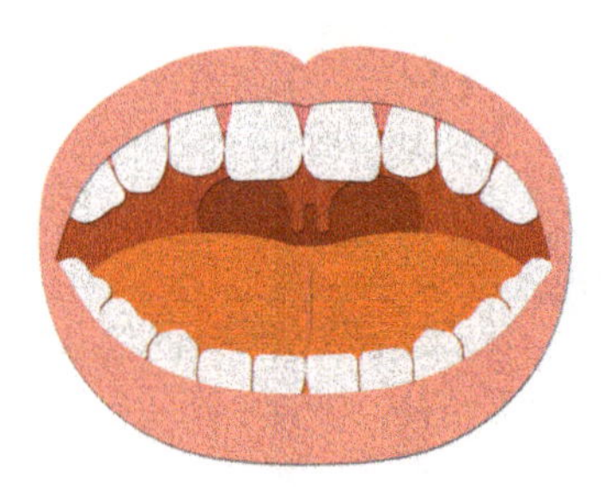

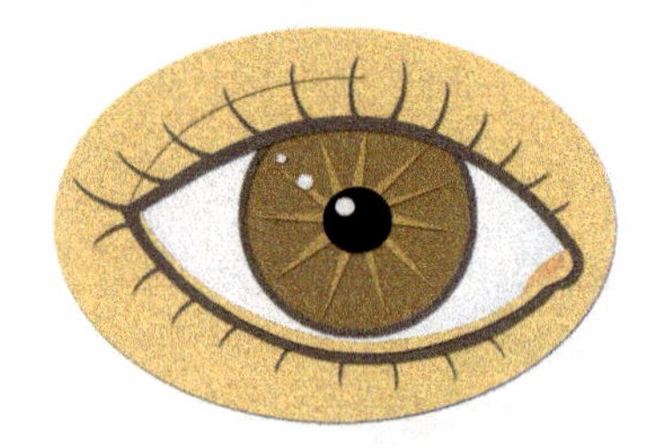

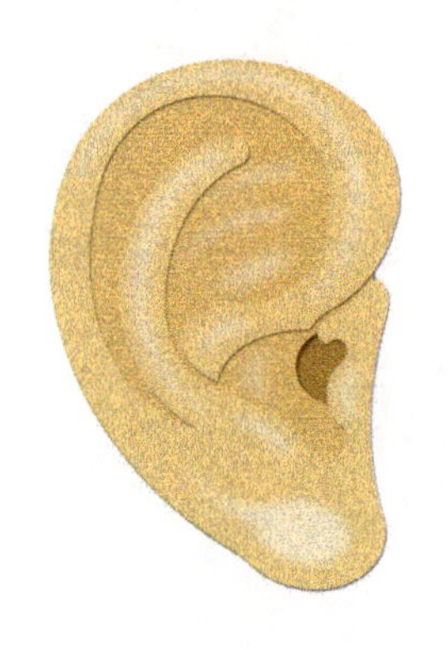

Pinte o quadrinho do nome correspondente ao sentido que está sendo usado em cada cena.

Em cada cena a seguir, circule os sentidos que estão sendo usados.